Crecer a partir de las crisis

Divulgación/Autoayuda

Últimos títulos publicados

Bill O'Hanlon

Crecer a partir de las crisis

Cómo convertir una situación difícil
o traumática en una oportunidad
de cambio personal

PAIDÓS

Barcelona
Buenos Aires
México

Título original: *Thriving through Crisis*
Publicado en inglés, en 2004, por The Berkley Publishing Group, división de
Penguin Group (USA) Inc., Nueva York

Traducción de Montse Florenciano

Cubierta de M.ª José del Rey

© 2004 by Bill O'Hanlon
© 2005 de la traducción, Montse Florenciano
© 2005 de todas las ediciones en castellano,
    Ediciones Paidós Ibérica, S.A.,
    Mariano Cubí, 92 - 08021 Barcelona
    http://www.paidos.com

ISBN: 84-493-1758-4
Depósito legal: B. 20.191/2005

Impreso en Hurope, S.L.
Lima, 3 - 08030 Barcelona

Impreso en España - Printed in Spain

Sumario

Agradecimientos

Quisiera dar las gracias a Faith Hamlin, mi agente, por creer en este libro y en mí.

A Sheila Curry Oakes, por dirigirlo en el proceso de edición y publicación.

A Jennifer Railey, por el maravilloso *reiki* y todo el apoyo y la amistad que demostró mientras lo estuve escribiendo.

A Martha Little, por las correcciones y sugerencias más allá de la simple ayuda a un vecino y amigo.

Quisiera dar especialmente las gracias a Steffanie O'Hanlon, por todo su trabajo en cada fase de este libro, desde sus sugerencias relacionadas con la estructura hasta sus palabras, sus frases y nuestras largas conversaciones acerca de los contenidos y de cómo mejorarlos. Su impronta está muy presente en estas páginas. Son muchas las horas que Steffanie ha dedicado a este libro, sin reconocimiento formal a cambio. No obstante, este libro no sería lo que es sin sus aportaciones. Muchas gracias de nuevo, Steffanie.

Introducción

Las crisis son oportunidades camufladas

Un amigo mío, Don, estudió Derecho y cosechó muchos éxitos trabajando en el departamento jurídico de una gran empresa en Nueva York. El director general, llamémosle general Wainwright, había sido militar y procedía de una familia de linaje noble. Era rico y encantador y cada día llegaba al trabajo en limusina. Mi amigo lo admiraba profundamente.

Pero un día le pidieron a Don que asistiera a una reunión de la junta directiva en la que, ante la presencia del general Wainwright, se iba a hablar de un error que el director general había cometido y que había provocado la pérdida de millones y millones de dólares para la empresa. El general Wainwright fue despedido por la vía sumaria y obligado a abandonar su puesto ese mismo día, pero sin la limusina. Para Don, que siempre había considerado a Wainwright noble e invencible, fue todo un golpe ver la rapidez con la que la suerte de éste había cambiado.

Hacía poco que el padre de Don había fallecido sin haber tenido la oportunidad de sentirse satisfecho ni con su vida ni con el empleo que tenía en una empresa en la que siempre lo trataron muy mal. Mientras pensaba en todo eso tras volver a su departamento después de la reunión de la junta, Don sintió

11

que se mareaba. Se sentó en su mesa. Otro abogado se levantó y se dirigió a un archivo y Don sintió como si todo en la sala se moviese a cámara lenta. Había querido ser abogado porque a su padre le había parecido una opción profesional acertada y segura. Sin embargo, a esas alturas ya había aprendido que no era así: no existía ninguna profesión que fuese segura, ni siquiera para la gente influyente y con contactos, como el general Wainwright. Mientras observaba a su compañero dirigirse al archivo, Don de repente se dio cuenta de que no quería seguir ejerciendo la abogacía ni tampoco trabajando en esa empresa.

Al instante supo qué era lo que deseaba hacer. De niño le encantaba diseñar y construir estructuras. De hecho, diseñó y construyó una casa en un árbol cuando todavía era muy joven. Así pues, por las tardes y durante los fines de semana, empezó a buscar un terreno en el que construir fuese lo bastante rentable como para dejar su trabajo fijo y empezar un negocio propio de diseño y construcción de casas. Don encontró un terreno a muy buen precio y se enteró de que no tardarían en construir en esa zona una autopista que iba a reducir el tiempo de desplazamiento a Nueva York de dos horas a una. El terreno costaba poco porque estaba afectado por una ley, algo que asustaba al propietario. No obstante, Don sabía que esto podía resolverse sin costes y rápidamente. Todavía no había pensado cómo construir ni urbanizar, así que buscó a un «súpercontratista» de la zona en la que había adquirido el terreno y lo convenció para que, por las tardes y a cambio de un sueldo, le asesorase en aspectos de construcción de viviendas, contratación y urbanización. Don siguió trabajando donde siempre durante el día y, por las tardes, tras dos horas de viaje, se reunía con el contratista en la zona donde había adquirido el terreno. Llegaba a casa a las 12 de la noche y, al día siguiente, madrugaba para dirigirse de nuevo al trabajo. Tras varios meses a este ritmo, Don consiguió construir y vender su primera casa y, más tarde, construyó toda una urbanización, que le proporcionó beneficio suficiente para dejar su antiguo empleo. Su superior en la empresa había sido asesor legal y le ofreció un contrato especial de un año para facilitarle la transición. Con el tiempo, Don se convirtió en un reputado constructor y contratista. De hecho, yo mismo vivo en una casa en cuyo diseño y construcción colaboró él. Me contó que el golpe de la reciente muerte de su padre, por un lado, y el de la caída en picado de su amigo, por el otro, provocaron el cambio de rumbo en su vida.

Todos hemos pasado por crisis, pero no todos las afrontamos como Don, no todos logramos cambiar y mejorar nuestra vida. A veces parece que las crisis nos vayan a aplastar y a reducir. Rudolf Giuliani, el ex alcalde de Nueva York, superó un cáncer de próstata, y asegura lo siguiente: «Al pasar por una experiencia traumática de estas características, una persona o bien desiste o bien sigue adelante». *Crecer a partir de las crisis* se encarga de explorar y dar respuesta a la siguiente pregunta: ¿qué es lo que hace que, ante una crisis, unos desistan y otros sigan adelante?

Este libro debe servir para aprender a reconocer el valor de las crisis nerviosas y hacer que este tipo de adversidades se conviertan en oportunidades para cambiar y madurar. Como bien señaló el asesor de negocios Paul Hawken: «Los problemas son oportunidades camufladas».

Decidí escribir este libro porque, en el transcurso de mi vida, he sufrido dos crisis —si esta palabra resulta demasiado fuerte, puede sustituirse por *dificultad*, aunque para mí fueron auténticas crisis—. La última tuvo lugar hace muy pocos años, por lo que todavía conservo un recuerdo muy vivo de la experiencia. Asimismo, debido a mi profesión de psicoterapeuta, he sido testimonio de las crisis que han sufrido amigos y pacientes míos.

En la universidad empecé a sentirme muy deprimido. Por aquel entonces me consideraba poeta: tal era mi sensibilidad que me costaba estar con gente, pero al mismo tiempo me sentía muy solo y deseaba compañía. No obstante, cuando estaba con gente, era tan tímido que no lograba expresar lo que quería y, al hablar, me ponía tan nervioso que terminaba diciendo cosas que nada tenían que ver con lo que en realidad había querido decir.

Empecé a preocuparme por mi futuro, pues sabía que la universidad no iba a durar siempre y que me vería obligado a encontrar trabajo: lo más probable era que no pudiese vivir de la poesía, sobre todo porque el temor al rechazo me impedía enseñar a alguien lo que escribía, y, por tanto, me privaba de la posibilidad de que me publicasen. Asimismo, no me veía realizando un trabajo convencional, ni tampoco ocupando un puesto en una de esas empresas que terminan consumiéndote.

Tras muchos meses sintiéndome así y después de darle muchas vueltas, decidí que lo mejor era suicidarme. Eran muy pocos los amigos que tenía y casi todos ellos se sentían igual de desgraciados y raros que yo, pero aun así decidí que lo mejor que podía hacer era contarles mis planes y despedirme. Los dos amigos a quienes conté por vez primera mis intenciones se mostraron comprensivos y me dijeron que sentían lo mismo, pero que no tenían el valor de quitarse la vida; ambos me aseguraron que admiraban mi valentía.

Sin embargo, a mi tercera y última amiga le afectaron mucho mis planes suicidas, pues se trataba de una persona algo más estable. Tras explicarle los motivos por los que deseaba quitarme la vida, me hizo una oferta. En el Medio Oeste, tenía unas tías solteras y sin hijos que le habían dicho que era su sobrina predilecta e iba a ser la heredera de las propiedades cuando ellas falleciesen. Cada una de sus tías había invertido en unas tierras de cultivo que contaban con una granja, por aquel entonces en desuso. Mi amiga me dijo que, si prometía no quitarme la vida, me dejaría vivir sin pagar un céntimo y para siempre en una de esas granjas: así podría dedicarme a la poesía, viviría apartado del mundo y de la gente y, si lo deseaba, tendría la oportunidad de cultivar mis propias hortalizas. Es decir, no tendría que trabajar para ganarme la vida. Tal como me sentía por aquel entonces, estaba convencido de que tan descabellado plan podía funcionar.

La idea parecía factible e inmediatamente me di cuenta de que mis impulsos suicidas habían desaparecido ante tal alivio para el futuro. Le prometí que aguantaría hasta que una de las tías muriese —tenían casi 70 años y yo, con 19, estaba seguro de que alguna iba a caer pronto—. Sin embargo, seguía teniendo un problema: tenía los ánimos por los suelos y no sabía cómo relacionarme con la gente. Entonces fue cuando empecé a obsesionarme por averiguar qué era lo que hacía la gente para vivir bien, es decir, qué hacían para no estar siempre tan deprimidos como yo, cómo se relacionaban con el resto de la gente, cómo administraban el dinero, algo que para mí era un problema crónico.

Pese a que tardé años en superar esta depresión, la obsesión por cómo la gente puede sentirse mejor me condujo al mundo de la psicoterapia. Fue tal mi interés por el tema que, con el tiempo, terminé matriculándome en Psicología y, una vez licenciado, estudié un posgrado sobre terapia.

Me convertí en un apasionado terapeuta y estudié todos los enfoques a partir de unos criterios de lo más estrictos: me interesaba ofrecer a las personas no tanto una simple explicación de cuáles eran sus problemas, sino algunos enfoques que fuesen prácticos y que a su vez las ayudasen a realizar auténticos cambios. Esta pasión por la efectividad —que más tarde se convirtió en una pasión por el respeto al descubrir la desconfianza encubierta y el desdén que algunos terapeutas y teorías mantenían hacia los pacientes— me llevó a guiar a mis colegas terapeutas. Empecé, pues, a viajar por el mundo dando seminarios y, a partir que aquí, a escribir numerosos libros en torno a la terapia.

La segunda crisis nerviosa también fue terrible, pero completamente distinta a la anterior. No voy a contar con pelos y señales lo que supone un divorcio, pero mi mujer y yo teníamos cuatro hijos, así como un negocio en común. Las consecuencias legales y emocionales de la separación fueron muy amargas y duraderas. Con el tiempo, al reflexionar acerca de esta crisis, vi que, a pesar de haber sido muy dura para todos, también comportó muchos cambios positivos en mi personalidad, en mi estilo de vida y en mi relación con los demás. Todo ello hizo que empezase a pensar que quizá las crisis nerviosas no eran necesariamente destructivas ni tampoco tenían por qué evitarse a toda costa, sino que probablemente existía el modo de obtener provecho de ese tipo de experiencias.

Otra fuente de inspiración a la hora de escribir este libro ha sido la larga y amenazadora enfermedad que sufre Steffanie, mi esposa. Desde hace ocho años convivimos con esta situación y, durante este tiempo, Steffanie ha sufrido mucho y ha estado a punto de morir en más de una ocasión. Hasta ahora no había visto a nadie o sabido de alguien que estuviera tan grave y, sin embargo, no muriera. Gracias a sus descripciones de la experiencia de la enfermedad y las interminables conversaciones que hemos mantenido sobre esta crisis, el presente libro ha adquirido profundidad y amplitud.

Las crisis son avisos para que despertemos

El cirujano Bernie Siegel ha escrito y hablado acerca del impacto y la transformación que ha supuesto el cáncer en la vida de muchos de sus pacientes. Algunas de estas personas interpretan la enfermedad como una señal y empiezan a vivir de una manera distinta, sintiéndose apasionadamente vivos o siendo conscientes, de pronto, de que están viviendo o hablando como si antes hubiesen tenido miedo de hacerlo. Siegel se dio cuenta de que, a veces, con el surgimiento de esta vitalidad, los pacientes iban recuperándose considerablemente de la enfermedad, llegando incluso a la remisión permanente. Después de haber escrito y hablado acerca de este fenómeno, el doctor Siegel empezó a recibir críticas: se le acusó de engendrar un sentimiento de culpabilidad en aquellos enfermos de cáncer que no lograban recuperarse. Fue acusado de sugerir que realmente tenían la culpa de no curarse por no adoptar la actitud adecuada o no vivir plenamente. Ante estas críticas, Siegel dejó clara su postura: se había dado cuenta de que, ante la crisis que comportaba la diagnosis de un cáncer, muchos de los pacientes que trataba decidían que iban a vivir el tiempo que les quedase de la manera que creían que debían hacerlo. Así pues, muriesen o siguiesen viviendo, la calidad de sus vidas durante el tiempo que les quedaba mejoraba considerablemente en comparación con la vida que habían llevado antes de que se les diagnosticara el cáncer. En el caso de algunos pacientes, este cambio de actitud proporcionó a sus sistemas inmunes un aliciente que parecía ayudarles a superar el cáncer.

Se trate de la diagnosis de un cáncer o de cualquier otra clase de crisis, los resultados de un acontecimiento de estas características en realidad tienen mucho que ver con el modo en que lo afrontamos. Esto incluye el modo en que reacciona-

¿En qué consiste una crisis grave?

Cuando hablo de una crisis grave no me refiero a las crisis pasajeras por las que pasamos de vez en cuando. Tampoco me refiero a ningún acontecimiento que, pese a que pueda dolernos, no se trate de nada extraordinario. Acontecimientos «menores» serían, por citar algunos ejemplos, una avería en el coche, romper la relación con un chico o una chica, que no nos acepten un cheque, una breve enfermedad o cualquier otro pequeño inconveniente —a no ser, claro está, que uno de estos episodios se convirtiese en la gota que colma el vaso y termine llevándonos a una crisis mayor—. Cuando hablo de crisis me refiero a acontecimientos que quebrantan, paralizan y afectan nuestra vida y la percepción de nosotros mismos hasta el punto de que perdemos la capacidad de seguir adelante con normalidad. Rainer Maria Rilke evocó la crisis que sufrió con estas palabras: «Quizás esté intentando atravesar una sólida roca [...]. Estoy tan adentro que no veo por dónde abrirme paso, ni siquiera puedo ver el espacio: todo está junto a mi rostro y todo es piedra».

Una crisis de estas características puede ser debida a:

- Una enfermedad grave que repercuta en tu capacidad para trabajar, relacionarte social y sexualmente y que, a su vez, te provoque mucho dolor y limite tu movilidad o tus actividades. Estamos, pues, hablando de algo que altera profundamente nuestra vida.
- Un cambio radical o deterioro en una relación que tenga un efecto devastador sobre una o varias personas. Dicho cambio o deterioro podría ser consecuencia de una infidelidad, la pérdida de un ser querido, la desaparición del afecto, el uso reiterado de la violencia, etc.
- Un golpe importante en el ámbito del trabajo (un despido) o de lo económico (quedarse en la ruina).
- Una depresión o enfermedad mental que afecte gravemente tu vida.
- Una parálisis o confusión emocional muy seria.

18

mos cuando una crisis resulta inminente así como la respuesta que damos una vez que la crisis se ha materializado.

Este tipo de acontecimientos son inevitables en la vida: la muerte de un ser querido, enamorarse de alguien, desenamorarse, la pérdida inesperada del trabajo, las deudas a Hacienda, una enfermedad grave —sea ésta propia o de un ser querido—, un hijo toxicómano, el fin de un matrimonio por parte de uno de los cónyuges. Casi todos logramos salir adelante ante estas dificultades, aunque a menudo pueden más que nosotros y nos llevan a una crisis nerviosa. La vida, pues, a veces nos pone en apuros.

Cuando nos encontramos en este tipo de situaciones, hay un momento en el que podemos elegir entre hundirnos, salir a flote o agarrarnos a un clavo ardiendo. Es fácil entender, pues, que las crisis son señales: puede que sean la consecuencia de cambios pendientes que vamos aparcando o de alguna costumbre que debemos cambiar porque ya no resulta válida. En épocas de crisis podemos analizar qué aspectos de nuestras vidas tenemos bajo control y de qué cosas somos responsables. ¿Se trata de dejar de culparse o de culpar a otros y hacer que la situación empiece a cambiar? ¿Es hora de darse cuenta y reconocer hasta qué punto nosotros mismos nos hemos estado engañando o hemos estado engañando a otras personas? ¿Nos haremos más fuertes al enfrentar la crisis?

O, en vez de ello, ¿decidimos ignorar la responsabilidad y el cambio?, ¿culpar al mundo, considerarnos sus víctimas y verlo como un lugar terrible?, ¿culpar a Dios por decepcionarnos o por haber creado semejante universo?, ¿no dar el brazo a torcer y seguir haciendo las cosas como hasta ahora pase lo que pase?

Las crisis pueden funcionar como avisos. Sin embargo, siempre cabe la opción de obviarlas, dejar que el contestador automático grabe el mensaje y optar por resolver el problema más adelante. Pero, ante esta opción, nos arriesgamos a que surjan más crisis, y todavía mayores, en el futuro.

El poeta David Whyte narra que, viajando por la cordillera del Himalaya con un grupo de excursionistas, decidió aventurarse por un sendero especialmente complicado. Sus compañeros de viaje, en cambio, optaron por seguir una ruta por la que se tardaba dos días más en llegar al destino acordado. Cuando ya llevaba mucho camino andado, David se encontró ante un puente colgante suspendido sobre un barranco muy profundo. Algunas de las cuerdas que lo sujetaban habían cedido y algunos listones se habían desprendido. David es un alpinista y escalador bastante intrépido, pero ahora estaba asustado. Así pues, se sentó a reflexionar, diciéndose que era una tontería sentir tanto miedo y que debía cruzarlo como fuese. Sin embargo, al cabo de una hora seguía sin atreverse a cruzar el puente y se dio cuenta de que no le quedaba más remedio que retroceder, perder un día, y no llegar a tiempo, con lo que sus amigos empezarían a preocuparse seriamente por él. Al dar media vuelta, se encontró ante una anciana tibetana que se acercaba por el sendero con una cesta llena de excrementos de yak que había ido recogiendo por el camino. La anciana lo saludó, pasó cojeando junto a él y, airosamente, cruzó el puente. David no se lo pensó dos veces y la siguió por la sima.

Muchos de nosotros nos enfrentamos a situaciones similares cuando nuestras vidas, como el puente de la historia de David Whyte, parecen irremediablemente rotas y sin rumbo seguro. No podemos avanzar. Nos paramos. Nos sentamos y esperamos. Nos queremos agarrar a lo que nos resulta familiar, a lo que a primera vista parece seguro. Nos da miedo pisar el puente cuando todo parece tan arriesgado y frágil y el precipicio, tan peligroso. Las crisis son, de hecho, oportunidades fuera de lo común para atreverse a poner los pies sobre el puente peligroso, ya que pueden tratarse del momento más adecuado para emprender un nuevo estilo de vida. Si algo funciona, pocas señales recibiremos para arreglarlo. En cambio, una crisis nos ayuda a tomar conciencia de viejos hábitos que no funcionan y a entender que el estilo de vida que hasta el momento hemos llevado ya ha llegado a su fin.

Las grandes crisis quebrantan nuestras defensas y los mecanismos que solemos activar para salir adelante, pero también hacen que examinemos esos hábitos que damos por sentado y a partir de los cuales actuamos. De este modo, pues, nos invitan a enfrentarnos a cuestiones que todavía no hemos resuelto, a compromisos perjudiciales para nuestra integridad y a mentiras con las que hemos vivido y por las que hemos vivido.

En una ocasión, Thoreau sugirió que incendiásemos nuestros hogares y que, cada diez años, regalásemos todas nuestras posesiones, ya que, transcurrido este tiempo, son ellas las que empiezan a poseernos. Quizá la mayoría de nosotros entendamos esta postura como demasiado radical; sin embargo, algo de válido hay en ella: las crisis nos empujan a actuar, borrar el disco duro y vaciar el armario del salón con el fin de dejar espacio para las novedades que vayan a tener lugar.

De todos modos, no todas las crisis se traducen en mejoras, por lo que no querría minimizar el dolor y el sufrimiento que implica una situación de estas características. Existen crisis que, al ser verdaderas tragedias, carecen de valor redentor, ya sea éste social o del alma. No todas las crisis ocurren porque necesitamos pasar por un aprendizaje o cambiar nuestra vida radicalmente. El actor Evan Handler, en *Time on Fire*, un libro sobre su experiencia con el cáncer, cuenta: «Existe una clara diferencia entre, por un lado, comprometerse a utilizar la crisis para crecer y mejorar y, por otro, llegar a la conclusión de que dichos cambios son la razón por la que la crisis ha tenido lugar. A lo largo de la semana que pasé en el Simonton Center, me iba diciendo: "Si no me mata la leucemia, lo más seguro es que viva mejor por haberla sufrido". Pero a pesar de este pensamiento, seguí convencido de que estaba pasando por una época abominable. Jamás he estado contento de haber tenido que pasar por semejante experiencia, del mismo modo que nunca he pensado que la necesitase».

Hay personas que enferman de cáncer. Hay personas que sufren accidentes automovilísticos terribles. Ciertos momentos de la historia han sido testimonio de la proliferación de campos de exterminio u holocaustos. Hay gente que muere, gente que sufre terriblemente, vidas que quedan destrozadas. A veces tenemos que enfrentarnos a situaciones que nos depara la vida y debemos hacerlo lo mejor posible e intentar dejar atrás las tragedias, aunque sea a rastras o a la pata coja.

A veces una derrota nos lleva a donde realmente debemos ir y nos ayuda a dejar finalmente atrás hábitos e ideas inútiles, o bien hace que volvamos a ser nosotros mismos y recobremos la vida que se supone que debemos vivir.

Pienso que existen dos tipos de crisis. El primero es casual y exterior; es decir, ocurre algo terrible, de lo que no somos artífices en absoluto, y este hecho nos afecta enormemente. Puede más que los mecanismos que poseemos para soportar adversidades. El otro tipo es el que nosotros mismos generamos; es decir, crisis de las que, de algún modo, somos cómplices.

Del colapso puede surgir uno de estos dos resultados:

1. Tendremos que enfrentarnos a dilemas ante los que jamás habíamos deseado encontrarnos pero, a la vez, vamos a tener la oportunidad de resolverlos.

2. Las crisis nos pueden forzar a introducir cambios significativos en nuestras vidas, una asignatura que teníamos pendiente, y dichos cambios provocarán una gran mejora. Todos tendemos a alejarnos de nosotros mismos y de lo que en realidad somos y, como consecuencia, nos cuesta ver nuestras ideas o hábitos y cambiarlos radicalmente. En este sentido, las crisis pueden ser el momento e incentivo idóneo para llevar a cabo estos cambios tan difíciles.

Llevo ejerciendo la psiquiatría durante casi treinta años y, en mis más de 50 años, personalmente he vivido dos crisis terribles aunque, al fin y al cabo, beneficiosas. Así pues, a lo largo de este libro voy a ofrecer algunas sugerencias sobre lo que he aprendido a propósito de cómo hacer que una gran crisis o un momento difícil se conviertan en una oportunidad de cambio y crecimiento. He dicho «sugerencias», ya que es bien sabido que no existe ningún libro que facilite todas las respuestas a las circunstancias de cada individuo, siempre complejas y personales. Por ello, cabe tener en cuenta que esas sugerencias no son verdades grabadas sobre piedra, sino consejos que deberán utilizarse a modo de ayuda. Si el lector, pues, considera que algo de lo que he escrito no resulta válido en su caso o es verdaderamente de poca ayuda, le sugeriría que confiase en su sentido común.

Este libro puede simplemente servir de compañía, como si, de repente y en un lugar remoto, encontrásemos a un compañero de viaje durante —o después de— una crisis. También puede servir de ayuda para llegar a entender aquello que nos está pasando o por lo menos para reconocer parte de nuestra experiencia.

Crecer a partir de las crisis es un mapa de carreteras para aprender a superar baches y curvas y, con pasión y vitalidad, regresar a una vida con sentido. Asimismo, se trata de un libro que nos ayudará a comprender lo que sucede durante una crisis y a entender y no temer tanto los cambios que ésta pueda comportar. De este modo también se podrán evitar futuras crisis innecesarias.

Es importante que el lector sepa que el libro que tiene en sus manos quizás haga que se sienta incómodo en alguna ocasión, ya que a veces le invito a analizar aspectos hasta ahora esquivados o sobre los cuales se ha podido estar engañando a él mismo y también a los demás. De todos modos, puedo asegurarles que, al final, el viaje tendrá su recompensa. Espero que este libro sea como esa mujer tibetana que se encontró David Whyte y que les lleve adondequiera tengan que ir. ¿Están listos para cruzar el puente?

1

Si ves que estás cabalgando sobre un caballo muerto, desmonta

> En algún momento de nuestras vidas recibimos una llamada: un divorcio, la pérdida de un trabajo, el nacimiento de un hijo, el habernos encontrado ante las puertas de la muerte, una mejora profesional o una quiebra. Las llamadas pueden manifestarse de varias maneras, pero todas nos obligan a interrumpir momentáneamente nuestra manera de pensar cotidiana y nuestros hábitos de conducta.
>
> KEN KEYES, JR.

Suele decirse que la gente valora haber atravesado una crisis profunda porque les ayudó a recuperar algún aspecto de ellos mismos que ignoraban o que tenían olvidado y a volver a sus prioridades, o porque gracias a ella sus vidas cambiaron de rumbo.

En la universidad, en una clase de ecología, aprendí que ciertos pinos únicamente sueltan las semillas si la temperatura alrededor de las piñas es realmente alta. Por experiencia, los que vivimos en el oeste de Estados Unidos sabemos muy bien que la prevención de incendios forestales suele llevar a desastres todavía mayores. Si no quemamos paulatinamente la maleza, lo que hubiese podido ser un pequeño incendio se convierte en una conflagración descontrolada que destruye el paisaje de un modo especialmente devastador e innecesario.

El curso natural de las cosas suele ser la destrucción de lo viejo para dar paso a lo nuevo. Sin embargo, como cultura y como individuos tenemos tendencia a luchar contra esta destrucción. Apreciamos la estabilidad y la seguridad. Sospechamos de las personas que llevan a cabo cambios radicales y rápidos, las calificamos de inestables y consideramos que son individuos alocados y poco formales. Seguramente muchos de nosotros hemos tildado de locos a amigos o familiares que han roto su matrimonio de un día para otro, dejado el trabajo o ido a vivir a otra ciudad con una mano delante y otra detrás.

Las crisis forman parte de la vida, pero suelen entenderse como una aberración. La sabiduría convencional dice que evitaríamos las crisis si viviésemos bien la vida, si nos la organizásemos o si actuásemos como es debido. Sin embargo, las crisis terminan irrumpiendo en la vida de cualquier persona. Lo que debemos preguntarnos, pues, es qué es lo que debemos hacer para darnos cuenta de que estas crisis no son sino avisos para que cambiemos, y que podemos aprovecharlas para introducir cambios fundamentales que a su vez no podrían tener lugar en otras circunstancias. Asimismo, si no remásemos tan rápido para esquivar crisis menores y momentos difíciles, quizá lograríamos encontrar el modo de esquivar las crisis realmente destructivas e innecesarias. En este sentido, el escritor Leslie Lebeau afirma que suele ser necesario que ocurra una crisis para acabar con nuestra idea del mundo. Lebeau añade al respecto que una crisis es «un regalo, una oportunidad y quizás una manifestación de que la vida nos quiere y por ello nos empuja a ir más allá del baile que bailamos».

Algunos filósofos del movimiento New Age sostienen que somos nosotros quienes «creamos» nuestra propia realidad y, como consecuencia, de algún modo también somos artífices de nuestras crisis. Según mi punto de vista, decir que quien está pasando por problemas muy graves, quien enferma de cáncer o quien pierde a un hijo víctima de una enfermedad, de un accidente o de un asesinato tiene parte de culpa es hacer una afirmación simplista, cruel y mal enfocada.

26

No obstante, quienes lanzan estas afirmaciones en algunos casos llevan razón, ya que, a veces, somos nosotros mismos los que, inconscientemente, acabamos generando la crisis. Somos, pues, cómplices en el sentido de que muy dentro de nosotros sabemos que debemos llevar a cabo cambios fundamentales en nuestras vidas pero que no podremos hacerlo hasta que una crisis tenga lugar. Quizá lo hagamos tan mal en un trabajo que terminen echándonos, y quizás ésta sea una situación que hubiésemos podido prevenir si hubiésemos tenido el valor de dejarlo por iniciativa propia. Sin embargo, no lo hicimos por la seguridad de un puesto bien pagado, así como por otras ventajas, pese a que el trabajo no nos gustaba nada. Tanto nuestra cultura como nosotros, en tanto que individuos, nos resistimos ante estos cambios tan importantes y necesarios. Sin embargo, algo en nuestras almas inquietas pide a gritos cambios y renovaciones.

También podemos ser cómplices de una crisis por el hecho de haber ignorado algún aspecto crucial de nuestras vidas, como por ejemplo la salud, las amistades, el espíritu, nuestras pasiones, la creatividad, la economía o cualquier aspecto que, a no ser que se vele por él, tarde o temprano terminará por venirse abajo.

A veces, por llevar una vida ajetreada y llena de responsabilidades, nos olvidamos de concedernos esas pequeñas treguas tan importantes para no perder el ritmo de nuestro espíritu o compás interno.

Un amigo mío, Ric, fue artífice de su propia crisis. Pese a no ser consciente de ello, algo en su interior le decía que había llegado la hora de un gran cambio.

En la universidad, Ric había sido miembro de una fraternidad y, tras graduarse, encontró el trabajo ideal: encargarse de que las distintas ramas de la fraternidad cumpliesen las condiciones establecidas a nivel nacional. Se trataba de un trabajo que implicaba salir, beber mucho, tener muchas relaciones frívolas, hacer el amor con las guapas chicas de los clubes femeninos y viajar por el país con un deportivo descapotable. A Ric todo le fue viento en popa hasta que se enamoró locamente de una mujer que no le correspondía. Se trataba de una situación que ya había experimentado en otras ocasiones: había abandonado a muchas chicas y también muchas chicas lo habían abandonado a él. Pero esta vez era distinto: ahora la situación le dolía. Esa mujer, pues, fue la gota que colmó el vaso: se había enamorado locamente de ella y cuando se dio cuenta de que no tenía ninguna posibilidad de empezar una relación, se vino abajo. Estuvo llorando desconsoladamente noche y día durante semanas. No podía seguir adelante, no podía trabajar. Ya no le apetecía beber ni salir con otras mujeres. Como es de suponer, los amigos de la fraternidad no se lo tomaron muy bien, pero uno de ellos, al cabo de algunas semanas, se acercó a Ric y le sugirió que asistiese a clases de meditación: él mismo lo había hecho y sabía que Ric terminaría sintiéndose mejor. Ric estaba dispuesto a superar tanto dolor, así que siguió el consejo de su amigo: se hizo con un libro de mantras, empezó a meditar y, con el tiempo, consiguió sentirse en paz. También descubrió que hasta entonces sólo había vivido superficialmente: la meditación le había permitido situarse a un nivel más profundo de su propio ser. Darse cuenta de ello alteró el curso de su vida y, al cabo de los años, Ric terminó ejerciendo de terapeuta. Después de la crisis, su vida no tenía nada que ver con la de sus tiempos de fiesta continua en la fraternidad, época en la que todo parecía sonreírle, aunque en el fondo él mismo sabía que no era así. La decepción amorosa fue una crisis que, finalmente, le permitió emprender un nuevo rumbo.

Tanto si tu crisis es un accidente del destino como si eres tú el artífice, puede tratarse de un aviso para cambiar de vida. La vida que llevas hoy por hoy y las estrategias que empleas no te llevarán más allá de un cierto punto y, una vez que lo hayas alcanzado, dejarán de funcionarte. Así pues, si no te abres o adoptas nuevas estrategias, acabarás sufriendo una crisis. Tanto las estrategias productivas como los hábitos poco recomendables que te han traído al punto en el que te encuentras resultan insuficientes para seguir avanzando. Quizá siempre hayas evitado los conflictos, o hayas adoptado la costumbre de preocuparte únicamente por los demás, o quizás hasta ahora hayas actuado demasiado racionalmente y hayas vivido reprimiendo las emociones. Pese a que estas estrategias tienen sus ventajas e inconvenientes —ya que durante un tiempo son adecuadas en ciertos contextos— a la larga dejan de ser válidas. El estilo de vendedor agresivo puede dar sus frutos en el terreno laboral y, en cambio, ser un desastre en el matrimonio. Morderte la lengua quizá funcionaba con tu madre alcohólica, pero puedes terminar pagando un precio muy alto si te sigues comportando igual con otras personas. En nuestras vidas, el paso a una nueva fase de desarrollo —de la vida laboral a la jubilación; de la vida de soltero a la de casado, por ejemplo— suele requerir unos recursos y una flexibilidad que no tenemos. Así pues, para cambiar, casi todos nosotros tenemos que enfrentarnos a una crisis de tales dimensiones que luego nos resulta difícil readaptarnos. Para ello, debemos avanzar y crecer a través de nuevos caminos. Las crisis internas y externas pueden provocar heridas muy dolorosas que, a la vez, resultan positivas: nos ayudan a descubrir lo que hemos dejado atrás así como lo que vamos a necesitar en las próximas fases de nuestra trayectoria vital. El poeta y cantautor Leonard Cohen dice: «En todas partes hay una grieta; así es como la luz penetra». Sin embargo, la luz del cambio no logrará penetrar si nos protege un muro ciego.

29

Reaccionar ante una crisis

Hace algunos años, me contaron una historia que creo que ilustra muy bien la diferencia entre la parálisis que puede provocar una crisis y el saber superarla. Durante una ceremonia de iluminación que tuvo lugar en el antiguo Tíbet, los maestros reunieron a sus discípulos y les anunciaron que se iba a celebrar una ceremonia extraordinaria en la que se les brindaría la oportunidad de iluminarse inmediatamente. En la tradición tibetana, uno de los requisitos para la iluminación es haber vivido varias vidas y sacado el máximo provecho de cada reencarnación: así es como gradualmente se alcanza dicha iluminación. Esta ceremonia, sin embargo, ofrecía la posibilidad de una iluminación inmediata, en la vida presente. El acontecimiento recibió el nombre de *ceremonia de la sala de los mil demonios*.

Acontecimientos que avisan

- Un despido laboral.
- Una enfermedad grave o la diagnosis errónea de ésta.
- Sufrir un accidente o salvarse por los pelos de éste.
- Una crisis de pareja, como por ejemplo una infidelidad o una separación.
- Un cumpleaños importante.
- La muerte de algún amigo, un compañero o un miembro de la familia.
- La jubilación.
- Cualquier transición importante en la vida familiar, como por ejemplo el nacimiento de un primer hijo, que el primer hijo empiece a estudiar en la universidad, una jubilación o que un miembro de la familia se marche a trabajar lejos.
- Un desastre natural.
- El asesinato de un ser querido o próximo.

- Una crisis mundial.
- Un ataque terrorista.
- Un robo, un incendio, unas inundaciones o cualquier fenómeno como consecuencia del cual perdemos cuanto poseemos.
- Cualquier acontecimiento de características similares a las mencionadas que comporte alguna alteración o que actúe como la gota que colma el vaso.

Cada discípulo se dirigía a su propia sala, que debía atravesar para salir por otra puerta, ya iluminado. Puede que parezca una prueba con pocas complicaciones, pero en la sala había mil demonios encargados de materializar los temores más profundos de esos jóvenes. Tan pronto entraban en la sala, la puerta se cerraba y el único modo de salir era por la puerta situada en el otro extremo.

Muchos no llegaban a alcanzar esa otra puerta: se quedaban atrapados, paralizados por el miedo y vivían torturados hasta el fin de sus días. A los pocos que lograban salir se les iluminaba, ya que la esencia de la iluminación consistía en enfrentarse a los temores más profundos de uno mismo y seguir adelante.

Cuando alguien está sumido en una crisis, se encuentra precisamente en·esa sala de los mil demonios, y la opción no puede ser más simple: paralizarse ante el temor o seguir moviéndose hasta encontrar la salida.

Hacer que uno mismo se convierta en un extraño

La mayoría de personas no piensan que las crisis puedan ser positivas, ya que se trata de experiencias dolorosas e incómodas. Sin embargo, también son inevitables y, en ocasiones, necesarias. Aunque no me gusta deseárselas a nadie, lo cierto es que a mí siempre me han funcionado. Pienso, pues, que lo mismo puede suceder a otras personas. Si ya te encuentras sumido en una crisis, tendrás que sacar de ella el máximo provecho; de lo contrario, con el tiempo terminarás pagando el precio.

Las crisis tienen lugar y nosotros nos aferramos a ellas para cambiar el rumbo de nuestras vidas y renovarnos, ya que estábamos estancándonos o alejándonos demasiado de nosotros mismos. La vida que llevamos y nuestra integridad han pasado a ser demasiado incongruentes, demasiado alejadas de lo que debería ser.

> Si tu tren circula por la vía equivocada, toda estación adonde llegues será la estación equivocada.
>
> BERNARD MALAMUD

Suelo darme cuenta de que un paciente o algún amigo mío está a punto de caer en una crisis cuando veo que lleva una vida alejada de su propio ser como consecuencia de haberse acomodado o asumido demasiados compromisos. Todos debemos ceder de vez en cuando, pero una goma no puede estirarse eternamente: llega un punto en el que vuelve a encogerse o se rompe.

Una vez escuché a alguien que afirmaba que una cosa era tener una imagen y otra, tener una identidad. Una imagen es una fachada falsa, diseñada para que la gente piense que tú o tu círculo sois de una manera determinada. En cambio, la identidad está directamente relacionada con quienes somos. Si al construir nuestra imagen no tenemos en cuenta este aspecto, dicha imagen tiene muchos números para que, en un momento dado, se venga abajo: algo en nuestro interior sabe que cada vez somos más falsos con nosotros mismos y que nos estamos alejando de la vida que en realidad deberíamos llevar. Al final, esta conciencia interior o vence o termina provocando la crisis que deberá poner remedio a nuestra situación y dirigirnos hacia la autenticidad.

La gerente de una empresa que estaba a punto de echar a la calle a casi todos sus altos cargos escribió el siguiente poema:

Hace diez años
volví la cabeza por un instante...
y se convirtió en toda una vida.

Esta persona se había dado cuenta de que había cedido ante la esperanza de éxito y seguridad. Algo parecido viene a decir el poeta Kabir con estas palabras: «Lo que pasó fue que te alejaste de ti mismo y decidiste aventurarte solo en la oscuridad. Ahora te encuentras atrapado con otros, y has olvidado lo que una vez sabías, por eso todo lo que haces te proporciona una extraña sensación de fracaso».

Cuando a lo largo de nuestra vida personal y profesional construimos una imagen y a su vez dejamos atrás aspectos cruciales de nuestro ser, hacemos que, a mitad del camino, tengamos que introducir correcciones, es decir, nuestra propia falla tectónica irá sufriendo movimientos. Cuanto más nos alejemos de nosotros mismos, más costosa será la reparación.

Este fenómeno de alineación y falsedad se da sobre todo mientras nos encontramos en el proceso de reconocer quiénes somos y, al hacerlo, nos avergonzamos de ello. Cuando nacemos, sentimos lo que sentimos y deseamos lo que deseamos. Sin embargo, a medida que avanzamos en el tiempo nos damos cuenta de que no nos van a querer ni a aceptar si ponemos de manifiesto ciertos aspectos. A los niños se les dice que los chicos no lloran, y por este motivo los hombres aprendemos a reprimir o hacer que disminuyan nuestros sentimientos más tristes o vulnerables. A las niñas se les dice que no deben ser escandalosas, y por ello las mujeres terminan reprimiendo su entusiasmo natural. Constantemente estamos recibiendo instrucciones categóricas sobre cómo debemos sentirnos o comportarnos, como por ejemplo: «No debes odiar a tu hermano, sino quererlo», «No te toques ahí» o «Para ya de moverte. Siéntate y estate quieto».

Tengo un vecinito, August, que estaba en pleno período de crecimiento mientras yo escribía este libro. La primera vez que lo vi tenía algo más de un año y era pura energía. Cuando lloraba, lo hacía de verdad, y al cabo de un rato paraba de repente. También se reía mucho. Lo que quería, lo quería a toda costa. Si no le interesaba algo o alguien, lo expresaba. August estaba lleno de vida y, aparte de ser él mismo, ya no sabía hacer nada más.

Más tarde fui testigo de su proceso de socialización, por el que todos acabamos pasando por muy comprensivos que sean nuestros padres. August tuvo que aprender que no siempre podemos expresar lo que deseamos. Cuando venía a verme, abría la puerta y decía: «Ven, Bill, ven». Luego, en el transcurso de los siguientes meses, aprendió que primero debía llamar al timbre o a la puerta y esperar a que mi mujer o yo abriésemos para que él pudiese entrar. También aprendió que no podía tocar mi guitarra sin mi permiso, porque podía romperla. Aprendió a preguntar si podía abrir la nevera para coger la golosina que seguramente le aguardaba. Aprendió que no podía romper la nueva cámara digital de su padre.

Un día, estando en casa, August fue corriendo hacia mi guitarra. Le recordé que no debía tocarla sin que yo la sujetase. Entonces me miró y dijo: «¿Niño malo?». Ante esta reacción pensé que August ya había empezado a dominar sus impulsos, lo que era positivo. Pero también estaba aprendiendo que a veces hacía cosas que no estaban bien ni eran aceptables. Estaba perdiendo autonomía. Le respondí que no era ningún niño malo, pero que no debía coger la guitarra sin que yo la sujetase.

Comenzamos nuestras vidas con un «yo» de 360 grados y, paulatinamente, a través del proceso de socialización, con el fin de ser aceptados, vamos cortando tajadas de nuestro ser. De este modo evitamos el castigo y la crítica e intentamos encajar en la sociedad. Éste es un hecho positivo, ya que nos ayuda a coexistir armónicamente. Los problemas surgen si se va demasiado lejos. Si a medida que van pasando los años, vamos cortando demasiadas tajadas de nuestro ser, estaremos cavando nuestro propio pozo. Si cortamos excesivamente, algo en nuestro interior empezará en algún momento a reclamar las tajadas que faltan. Cualquier crisis, ya sea creada por nosotros mismos o fruto de la casualidad, puede brindarnos una oportunidad de cambio.

Como dijo en una ocasión Rita Mae Brown: «La recompensa de la conformidad era que gustabas a todos menos a ti misma». Al conformarte y adaptarte, pasas a ser aceptado y logras que te quieran y eso te proporciona una sensación de seguridad. Sin embargo, puede que tarde o temprano empieces a sentirte extraño en tu propia piel y cada vez menos feliz con tu vida.

Si esto es algo que te ha ocurrido pero todavía no has pasado por ninguna crisis considerable, puedo asegurarte que el precipicio no se encuentra demasiado lejos y que estás dirigiéndote hacia él sin hacer nada, con la convicción de que no existe ningún peligro. Te doy la bienvenida, pues, a la crisis. Espero que sea de índole positiva.

Cuando nuestra vida no funciona y lo que hacemos por mejorarla no da resultados, debemos entender que, si estamos en el borde de una crisis, no responder a la llamada puede ser práctico a corto plazo. Sin embargo, esta actitud nos conducirá a lo que a la larga ya sólo podrá traducirse en un brusco despertar.

Las crisis son avisos

Una crisis puede servirte para:

- volver a ti mismo si es que en algún momento te distanciaste o desconectaste de lo que en realidad es para ti importante y esencial;
- introducir cambios difíciles que, en circunstancias normales, quizá no te atreverías a hacer o te sentirías culpable por ello;
- reunir las fuerzas para introducir cambios grandes y significativos;
- pararte a reflexionar acerca de tu vida y no seguir engañándote;
- comprender cosas que hayas estado haciendo y que han demostrado no funcionar;
- acercarte de nuevo a personas que habías dejado de lado.

2

No te limites a actuar: mantente firme

> Si te encuentras entre la espada y la pared, no te muevas y echa raíces como si fueses un árbol, hasta que se abra un claro procedente de algún lugar profundo y logres ver lo que hay al otro lado del muro.
>
> CARL JUNG

Casi todos vemos las crisis de la misma forma que vemos a unos invitados aburridos, es decir, como verdaderos aguafiestas que debemos echar cuanto antes. Sin embargo, cuando las crisis perduran, pueden indicarnos el camino tanto hacia unas necesidades ahora relegadas al olvido como hacia la posibilidad de transformación personal. El dolor y la ansiedad que comportan las crisis profundas nos invitan a rendirnos antes de tiempo, lo que entraña un peligro: en el otro extremo de estos sentimientos de dolor y ansiedad suele haber algo valioso, algo que si aliviamos, paralizamos o reprimimos provocará la pérdida de motivación o entereza necesaria para lograr esos cambios tan grandes y significativos pendientes desde hace tanto tiempo.

Una cosa es hacer una pausa durante un tiempo y permanecer con la crisis con el fin de extraer una lección o provecho y otra cosa es permanecer estancado. La pausa puede equivaler a tener una participación más activa en el proceso de hundimiento, pero para luego pasar a un análisis y, a partir de ahí, a un replanteamiento de la vida. En cambio, quedarse estancado implica la constante repetición de algún aspecto que no funciona.

Evitar las crisis

En vez de quedarse con la crisis, la gente termina aliándose con las drogas o el alcohol para olvidarse de los problemas, pero cuando se incrementa el dolor o la ansiedad, ni las drogas ni el alcohol funcionan. En todo caso, para que así fuese se necesitarían dosis muy fuertes, lo que generaría un comportamiento que conducirá a crisis posteriores y a la consiguiente caída.

Asimismo, otros comportamientos autodestructivos, como por ejemplo la bulimia, suelen llevar a resultados igualmente negativos.

La sobrecarga de trabajo es otra manera de esquivar los sentimientos así como los cambios y el aprendizaje que éstos comportaran. Está claro que no es lo mismo que consumir drogas o alcohol, o que comer demasiado para evitar, reprimir o soportar las adversidades, ya que la sobrecarga de trabajo puede incluso ayudarnos a progresar en nuestras carreras profesionales así como a ganar más dinero. De hecho, se trata de una técnica para esquivar la realidad que a menudo lleva a una mezcla de resultados, ya que éstos podrán ser tanto positivos como negativos. Sin embargo, como en el caso de las mencionadas adicciones, la sobrecarga de trabajo hará que esquivemos los cambios y el aprendizaje que aguardan en el otro lado de la crisis.

La consumición de drogas y alcohol, la sobrecarga de trabajo o la bulimia pueden funcionar hasta cierto punto, pero tarde o temprano el tiro termina saliendo por la culata: la salud empieza a fallar, te echan del trabajo, etc. Asimismo, la sobrecarga de trabajo puede traducirse en divorcio o en problemas en las relaciones sociales.

Otro modo de controlar o evitar los cambios profundos consecuencia de una crisis es generalizar o llegar a conclusiones simples y unidimensionales del estilo: «Jamás volveré a confiar en un hombre», «Las grandes empresas son el diablo», «Arriesgarse es estar loco», «Yo no tuve culpa alguna de que mi matrimonio terminase siendo un fracaso. Todo fue culpa de mi pareja». La vida suele ser mucho más compleja que estas respuestas reaccionarias. Durante un tiempo, ampararte en estas ideas puede ayudarte a creer que así sanas tus heridas, pero a la larga el remedio dejará de funcionar y terminará llevándote a más crisis y momentos difíciles.

VIVIR LAS PREGUNTAS: POR QUÉ ES IMPORTANTE PERMANECER CON LA CRISIS

Te recomiendo que te quedes con las preguntas que plantea una crisis en vez de lanzarte a la búsqueda de respuestas inmediatas. Rainer Maria Rilke, el poeta, expresó esta misma idea con las siguientes palabras: «Lo importante es vivir plenamente; vivir las preguntas ahora. Así, gradualmente y sin darte cuenta, el día menos esperado, ahora todavía lejano, vivirás las respuestas».

Técnicas clásicas para evitar la realidad o huir de ella

- Sobrecargarse de trabajo.
- Comer más de la cuenta.
- Usar inadecuadamente las drogas y el alcohol o abusar de ellos.
- Llegar a conclusiones precipitadas o generalizar con intransigencia.
- Ser infiel a la pareja o comportarse de un modo anómalo sexualmente.
- Hacer ejercicio en exceso.
- Dormir más de la cuenta.

Al contrario que ampararse en la seguridad o el entumecimiento del olvido, permanecer con la crisis y con el consiguiente dolor proporciona energía y motivación para enfrentarnos a lo que, llevado a cabo de otro modo o en circunstancias normales, puede resultar muy duro o radical. En este proceso, el primer paso debe ser reconocer cuál ha sido nuestra realidad personal y vital hasta el momento. Muchas personas no ven esa realidad ni son capaces de enfrentarse a ella hasta que se ven forzados por una crisis.

Realidad *versus* ficción: convertirse en un optimista con experiencia

Suele existir una enorme diferencia entre los hechos y las interpretaciones que hacemos de ellos. Permanecer un tiempo sumidos en una crisis nos puede ayudar a que aprendamos a distinguir entre las típicas historias que nos contamos a nosotros mismos y aquello que de hecho ha ocurrido en nuestra vida o nuestro alrededor.

Quienes han generado una crisis en la mayoría de los casos han llegado a tal situación por haber negado o minimizado algún aspecto de la realidad: «En realidad no debo tanto dinero»; «Estoy seguro de que van a subirme el sueldo o que me va a tocar la lotería y todo empezará a ir bien»; «No me separaré hasta que crezcan los niños y entonces ya me marcharé»; «Tampoco me pega tan a menudo: al fin y al cabo anda muy estresado»; «Estoy enamorado de mi mujer y en el fondo somos un matrimonio que funciona, pero yo tengo mucha necesidad de sexo, por lo que termino yendo con otras mujeres»; «Cuando desaparezca el estrés, empezaré a comer mejor y a llevar una vida más sana».

Éstos son razonamientos que tienen todos los números para terminar en crisis.

La persona que se encuentra sumida en una experiencia así puede ir contando otros dos tipos de historias. Uno tiene que ver con la interpretación de las cosas de manera exagerada. Éstas son historias que yo califico de «imposibles». Mediante la distorsión hacen pensar que la situación no tiene remedio, que no tiene fin y que es mucho peor de lo que es en realidad: «Jamás superaré esto»; «No voy a levantar cabeza»; «No puedo soportar esta situación»; «Esto jamás terminará»; «Me siento inútil y no hay nada que pueda hacer»; «Mi pareja nunca cambiará», etc.

Otra forma de distorsionar la realidad es adoptando una actitud demasiado positiva. Una vez leí una entrevista que le hicieron a James Stockdale, un oficial de tropas que estuvo en un campo de prisioneros de guerra en el norte de Vietnam. Contaba que, en ese lugar, los prisioneros recibían un trato terrible, se les torturaba, y él pudo comprobar que muchos de los que parecían más optimistas no llegaron a sobrevivir. El propio Stockdale parecía una persona muy optimista y esto fue algo que sorprendió al periodista que lo entrevistaba. Stockdale añadió que los que parecían optimistas estaban convencidos de que todos los prisioneros regresarían a casa en Navidad y que, gracias a la transmisión de este pensamiento positivo, se dieron ánimos y consiguieron animar al resto. Sin embargo, llegó Navidad y ellos seguían prisioneros; dijeron entonces que para Semana Santa ya estarían en casa. Sin embargo, llegaron esas fechas y seguían prisioneros. Cuando la Navidad siguiente llegó y pasó, los optimistas se desesperaron y empezaron a morir. Stockdale dijo que los prisioneros que aceptaron la brutal realidad de su situación y se dieron cuenta de que era imposible saber cuándo iban a ser rescatados o liberados soportaron mucho mejor las circunstancias. Nunca pensaron que no iban a liberarlos, pero a su vez fueron cautelosos y no negaron la realidad de la situación.

Conocía a una mujer que cada vez que su marido, siempre muy optimista, le reprochaba su pesimismo, respondía: «No soy pesimista. Soy una optimista con experiencia».

Detente: mira y escucha

David Waggoner escribió un poema en el que un anciano indio norteamericano aconseja a un joven de la tribu que, en caso de perderse, se acuerde de las siguientes palabras: «Detente: el bosque no se ha perdido, deja que te encuentre».

Ésta es la sabiduría que te recomiendo como primer paso si sientes que estás perdido en una crisis. Detente. Mira y escucha. Utiliza los sentidos. Mira a tu alrededor como si lo hicieras por primera vez en la vida.

Uno de mis profesores, el psiquiatra Milton Erickson, trabajó una vez con una mujer que, después de haber probado todas las dietas del mundo y seguir pesando lo mismo, cayó presa de la desesperación. Él le dijo que no iba a proporcionarle ninguna dieta nueva, pero que la desafiaría a descubrir tres cosas nuevas relacionadas con los alimentos en el transcurso de la semana siguiente. La mujer, que estaba sorprendida ante tal idea, le llamó al cabo de pocos días. «Tenía usted razón —le dijo—. Acabo de pasar cuatro horas en el supermercado, un quehacer al que no suelo dedicarle más de tres cuartos de hora. Esta vez, en lugar de comprar lo de siempre, por primera vez me he dado cuenta de que en la tienda hay una gran variedad de alimentos. En vez de comer más de la cuenta, he comprado un montón de cosas y me he preparado una comida más saludable y rica, que, además, no me hará engordar. He comido un poquito de todo y me ha gustado mucho. En vez de privarme de algo, ahora me doy cuenta que podré perder peso sin dejar de comer, y encima disfrutando.»

Precisamente a esto me refiero cuando doy el consejo de «Detente: mira y escucha». Las crisis pueden ser oportunidades para ver el mundo a través de una nueva mirada, para ver cosas que hacía tiempo que no veías o que quizá jamás habías visto. Para hacerlo, es importante tener en cuenta tu propia experiencia por lo que se refiere a gusto, olfato, tacto, vista y oído. El terapeuta gestáltico Fritz Perls solía decir que, cuando uno pierde la cabeza, puede volver en sí. Si en un estado de crisis tienes la sensación de estar perdiendo la cabeza, puedes volver a ti mismo: confía en tus sentidos y deja que éstos te enseñen algo nuevo. Detenerse significa poder escucharnos a nosotros mismos y escuchar al mundo durante un tiempo. En este sentido, podremos reunir la agudeza y energía necesarias para dar un paso positivo y cambiar lo que debamos cambiar.

Jacqui estaba prometida y a punto de casarse. Su novio era considerado un auténtico buen partido, pues era rico, guapo y tenía buen carácter. No obstante, a medida que se acercaba la fecha de la boda, Jacqui empezó a tener serias dudas. Se dio cuenta de que realmente no quería a su novio y que lo que en realidad le gustaba era la idea que tenía de él. Estaba claro que era muy guapo, pero en realidad la relación entre ellos era muy superficial, ya que ni siquiera tenían conversaciones serias. Se trataba de un novio «demasiado bueno». En el fondo, a Jacqui le gustaban las personas más naturales, con un lado más oscuro y un sentido de la vida un poco más irreverente. A pesar de ello, decidió seguir adelante con los planes de boda: todo estaba organizado y ya habían fijado la fecha. De hecho, sólo faltaba una semana para la despedida de soltera. Ya habían hecho la reserva para el viaje de luna de miel y habían dejado un dinero a cuenta. Mientras tanto, Jacqui se iba repitiendo que sólo se trataba de nervios. Todo, pues, seguía su cauce hasta que sufrió el primer ataque de pánico. Primero pensó que se trataba de un infarto, pero se le pasó el malestar. Sin embargo, luego empezó a sentir lo mismo repetidamente a lo largo del día. Cuando al final la llevaron a urgencias y le diagnosticaron un ataque de pánico, se dio cuenta de lo que en realidad ya hacía tiempo que sabía: no podía enfrentarse a ese matrimonio. Así pues, Jacqui decidió enfrentarse a la vergüenza y a la presión social y lo anuló todo. Los ataques de pánico se acabaron.

El cuerpo de Jacqui no estaba dispuesto a aceptar lo que su mente le decía y le estaba avisando de que había algo que no funcionaba.

La verdad es que no es fácil escuchar cuando estamos ocupados o distraídos, y por ello ya sea el cuerpo o el mundo tienen que dirigirse a nosotros a gritos para poder captar nuestra atención. Existen otras vías para empezar a escuchar, ya sea antes de que la crisis tenga lugar o para prevenir una posible crisis en el futuro. En este sentido, es importante que nos programemos momentos de tranquilidad, lejos de aquello que normalmente suele distraernos, para estar con nosotros mismos y así escucharnos. A través de la meditación frecuente, mi amigo Ric descubrió que la vida iba más allá de los automóviles deportivos, salir con mujeres y alternar. Piensa en los lugares o momentos en los que realmente estás contigo mismo. La lista que encontrarás a continuación te ayudará en este sentido. Si en tu vida no existen ni momentos ni lugares tranquilos, sería conveniente que los encontrases y que fueras dedicándoles tiempo hasta adquirir la costumbre.

- ☐ Leer.
- ☐ Salir a pasear.
- ☐ Reflexionar en solitario.
- ☐ Hacer ejercicio.
- ☐ Escribir en un diario.
- ☐ Orar.
- ☐ Meditar.
- ☐ Dedicarse a un pasatiempo no verbal o intelectual (carpintería, pintura, deporte, música, costura, ganchillo, excursionismo, etc.).

Claro está que si utilizamos estas actividades como vía de escape, debemos andarnos con cuidado. De esto nos podemos dar cuenta si vemos que empezamos a practicarlas obsesivamente y en detrimento de otras actividades o responsabilidades importantes o si, ante algo que nos incomoda, sentimos unas ansias compulsivas de ponernos a practicar esta actividad.

A veces, pararnos a escuchar, observar y esperar nos puede conducir a una realidad dolorosa que hemos estado esquivando.

Una vez leí la historia de un hombre que había probado todas las dietas del mercado sin éxito alguno. Al final llegó a la conclusión de que los expertos no le servían de nada y que él mismo debería pensar en una solución. Así pues, un fin de semana empezó a analizar su comportamiento compulsivo en relación con la comida. El sábado por la mañana tomó su desayuno y a los quince minutos se dio cuenta de que ya volvía a tener hambre. Era consciente de que no había razón alguna para que así fuera, pero no podía evitar sentir ganas de comer. Sin embargo, esta vez, en lugar de satisfacer esa necesidad, se sentó en el sofá y empezó a analizar las ansias que estaba experimentando. Pasó un cuarto de hora y empezó a invadirlo una especie de miedo, pero siguió resistiéndose a la tentación de comer. Otro cuarto de hora más tarde ya era presa del pánico, pero siguió sentado y pensando. Empezó a sudar y a temblar, y así estuvo aproximadamente durante media hora hasta que se calmó. No logró identificar qué era lo que originaba ese pánico, pero tampoco se puso a comer para ahuyentarlo. Lo mismo sucedió después de la comida. Esta vez sintió menos pánico, porque ya le había ocurrido antes y había sobrevivido. Asimismo, le pareció que esa sensación duraba menos, quizás unos veinte minutos en total. Este hecho se repitió a lo largo del fin de semana después de cada comida. Sin embargo, el lunes, al volver al trabajo, el terror había disminuido considerablemente, era más soportable y sólo duraba unos cinco minutos. Un día consiguió hacer pequeñas pausas cada vez que esto le sucedía y así fue cómo al final logró solucionar su problema de peso de una vez por todas.

Tomar conciencia del lugar en el que nos encontramos (la verdad nos liberará, aunque primero nos irritará o asustará)

A veces llevamos una vida que nos sabe a poco. Con el tiempo, nos hemos ido acomodando de un modo u otro y la acumulación de estas pequeñas comodidades nos ha hecho pagar un precio demasiado alto. A veces nos hemos engañado a nosotros mismos y a otras personas, lo que también tiene sus consecuencias.

> No es que necesitemos aprender a dejar que las cosas se vayan, lo que necesitamos es aprender a darnos cuenta de que ya se han ido.
>
> SUZUKI ROSHI

46

Al final, cuando a cambio de seguridad, estabilidad económica, aceptación, etc., optamos por una vida que no está hecha para nosotros, terminamos pagando el precio. Si te alejas demasiado de la vida que en realidad es la más adecuada para ti y que es la clave de tu integridad, algo en tu interior te irá diciendo que deberías regresar al estilo de vida que te es más propicio. Este algo se manifestará mediante crisis que te estarán invitando a volver a examinar tu vida y cambiarla.

Así pues, un paso positivo para regresar al camino que lleva a la vida que te mereces o para saber afrontar cuestiones complicadas es tomar conciencia del lugar en el que te encuentras, lo que de buenas a primeras puede asustarte o no gustarte. Si te habías desviado de tu camino, la verdad a la que deberás enfrentarte quizá te incomode e incomode a los demás, ya que comportará tener que decir y hacer cosas que hasta el momento habías evitado por el miedo o por ser dolorosas o desconocidas. Al principio quizá cueste y resulte doloroso, pero a su vez también podrá procurar estímulos y energía. No engañar, ni a uno mismo ni a los demás, es el primer paso para dejar atrás una vida que ya no funciona.

Al sufrió una crisis cuando su mujer le pidió que se marchase de casa. Ella se había hartado de sus mentiras y de su comportamiento huidizo provocado por el alcohol. Para Al la separación fue un golpe muy duro, pero le permitió darse cuenta de que su mujer tenía toda la razón: era cierto que tenía problemas de alcoholismo. A pesar de la situación que estaba viviendo, Al se sentía muy orgulloso porque había reconocido por fin que había sufrido una depresión años atrás y se había decidido a buscar ayuda. Se había convencido de que tenía que enfrentarse a los problemas directamente, pero su mujer tenía más sentido común: el alcohol había arruinado el matrimonio y temía que también terminase perjudicando a sus hijos. Al, derrotado y avergonzado por la separación, al final reconoció la verdad y empezó a asistir a reuniones de Alcohólicos Anónimos. Ahora Al cuenta que incluso le sienta bien reconocer ante la gente que es alcohólico. Atrás quedaron, pues, las mentiras y el comportamiento huidizo.

Jan siempre había tenido problemas económicos y ahora estaba con el agua al cuello. Sin que su marido lo supiese, había pedido prestado dinero a un conocido de edad avanzada y había cargado con crédito las tarjetas de ambos. Quería llenar de cosas bonitas la casa que acababan de comprarse —casa que a su vez estaba por encima de sus posibilidades—. Llegó un punto en el que ya no podía seguir afrontando los pagos correspondientes a las compras y se cansó de esconderle a su marido los recibos y la verdad. Tras varias semanas de noches sin conciliar el sueño, empapada de sudor frío y obsesionada por encontrar una solución, terminó viniéndose abajo y le contó a su marido lo que le estaba pasando. Como es de suponer, a éste le afectó mucho la situación y decidió acudir a un asesor matrimonial, quien pidió a Jan que elaborase una lista con todas las deudas para luego repasarla con el marido: tenía que incluirlo absolutamente todo, por mucha vergüenza o miedo que sintiese. A Jan le costó mucho hacer esa lista. Sin embargo, tras varios intentos en los que omitió adquisiciones importantes, terminó poniendo la verdad y sólo la verdad. Este ejercicio permitió que Jan y su marido finalmente lograsen controlar las deudas y, sorprendentemente, para Jan fue toda una revelación. Había estado tan concentrada negando y minimizando —incluso a ella misma— las dimensiones del problema, que tener ante sus ojos todas las deudas y haber puesto de manifiesto la situación no fue únicamente un golpe, sino que también funcionó de aviso. Jan se deshizo de sus tarjetas de crédito de uso «privado» y empezó a pagar sólo en efectivo o con talones. Asimismo, acordó con su marido que, antes de gastar más de cincuenta dólares en una compra no prevista o innecesaria, se lo comunicaría. También acordaron devolver el dinero que Jan había pedido prestado a esa persona mayor, quien a su vez les descontó un 10% del crédito y les comunicó que no iba a aceptar el pago de intereses siempre que fuesen devolviendo el dinero a tiempo.

Quizá la crisis que hayas sufrido te haya obligado a enfrentarte a algunas verdades más bien incómodas. Si no ha sido así, a continuación encontrarás algunos aspectos que debes tener en cuenta por lo que se refiere a contar la verdad. Te aconsejo, pues, que los analices para ver si hay algo a lo que has evitado enfrentarte o sobre lo que quizá no hayas dicho la verdad. Si no hay nada que tenga que ver con tu caso, mejor. En el caso de que no sea así, no tienes por qué actuar inmediatamente. Si éstas son cuestiones que de alguna manera te resultan incómodas y no sabes por qué, no pasa nada. Quédatelo dentro y no te fuerces demasiado a encontrar la respuesta adecuada. Tengo la sensación de que, tras un examen de conciencia, la verdad saldrá a la superficie. Nadie tiene por qué saberlo. Las respuestas que obtengas serán sólo para ti, por lo que quizás es recomendable que las escribas en una hoja aparte en vez de en el mismo libro. Puede ser que con el tiempo sientas la necesidad de hacer algo al respecto o de hablar de ello, pero hoy por hoy debe prevalecer la sinceridad en lo que escribas. Te pido, pues, que no pienses en las respuestas para ponerte manos a la obra de inmediato ni para contárselo a nadie. De este modo no sentirás que tienes que hacer nada de lo que vayas descubriendo ni hablar de ello con nadie. Éste, pues, es un espacio para la sinceridad.

Contar la verdad sobre tu vida

Aspectos que has evitado en tus relaciones:_____

_____

_____

_____

Aspectos que has evitado en tu vida profesional: _____

_____

_____

_____

Aspectos referentes a la salud que has evitado: _____

_____

_____

_____

Aspectos que has evitado en tu vida espiritual o interior: _____

_____

_____

_____

Aspectos sobre los que has evitado contar la verdad o enfrentarte a ésta:_____

_____

_____

_____

Aspectos de tu vida que no están equilibrados: _____

_____

_____

_____

¿En qué aspectos tienes la sensación de haberte estancado?: _____

_____

_____

_____

¿En qué aspectos te sientes desanimado, paralizado, vacío o qué aspectos crees que ya no tienen sentido?: _____

_____

_____

¿En qué aspectos te sientes un farsante o impostor? ¿Tienes la sensación de estar mintiendo, fingiendo, escondiendo quién eres o dividido como persona?:_____

_____

_____

¿Qué aspectos has dejado atrás a cambio de seguridad y aceptación?:

_____

_____

_____

¿Qué aspectos han recibido poca atención por tu parte?: _____

_____

_____

¿Qué cosas no has hecho todavía pero desearías hacer?:_____

_____

_____

¿Qué cosas querrías cambiar y todavía no lo has hecho?:_____

_____

_____

¿Qué cosas querrías dejar de hacer y todavía no lo has hecho?:____

_____

_____

¿Qué cosas has dejado a medias y ahora deseas terminar?: _____
_____
_____
_____

¿Qué cosas querrías hacer y todavía no has hecho?:_____
_____
_____
_____

Aspectos de tu vida que has ignorado

Antes de sufrir la crisis, ¿hubo aspectos de tu vida o de tu entorno social que dejaste de lado? ¿Dedicabas demasiado tiempo al trabajo sin tener en cuenta tu salud ni hacer ejercicio? ¿Diste prioridad a tu carrera profesional en detrimento de tus hijos? ¿No mantuviste las amistades con la excusa de los niños o el trabajo?

Al surgir una crisis, muchas personas se dan cuenta de que dejaron de lado algún aspecto de su vida y que, como consecuencia de ello, otras personas o ellos mismos han resultado perjudicados. A veces puede ser demasiado tarde para reparar el daño, pero no siempre es así.

Estuve en Nueva York algunos meses después de los ataques terroristas del 11 de septiembre de 2001. Me habían contado que había muchos ginecólogos que se vieron obligados buscar personal de apoyo para poder tratar a la gran cantidad de mujeres que, tras los hechos, habían decidido quedarse embarazadas. Se trataba de mujeres que hasta entonces se habían dedicado plenamente a sus carreras profesionales y la crisis que surgió como consecuencia de los ataques les hizo tomar conciencia de que habían estado dejando de lado un aspecto crucial en sus vidas. En ese mismo viaje a la ciudad de Nueva York, me contaron la historia de una chica que había trabajado de administrativa en una de las editoriales que visité. El 11 de septiembre salió del trabajo para no volver: se habrá dado cuenta de que en Nueva York estaba perdiendo el tiempo y de que lo que en realidad deseaba era empezar a estudiar en la universidad la carrera que siempre había dicho que «algún día» haría. Asimismo, había tomado conciencia de que no había hecho bien ignorando sus aspiraciones y su futuro profesional, pero para que eso ocurriera tuvo que suceder algo muy grave. En una encuesta que llevó a cabo el periódico *USA Today*, primero en agosto y después en octubre de 2001, los primeros encuestados afirmaron que el trabajo era su principal prioridad, y la familia, la tercera. Sin embargo, la familia pasó a ocupar el primer puesto para los entrevistados en octubre.

Te recomiendo que analices bien cualquier aspecto de tu vida que hayas podido dejar de lado. Casi todos, en el fondo, sabemos cuáles son. Los amigos, la familia, los seres que más queremos pueden ayudarnos enormemente en este sentido, y quizá ya te hayan manifestado su inquietud si has mantenido una actitud negligente hacia ellos. A continuación encontrarás algunos aspectos y preguntas que deberías tener en cuenta. Claro está que, si no he incluido algo que sea relevante en tu caso, siempre puedes añadir preguntas de tu cosecha. Asimismo, decirte de nuevo que si hay algo en esta lista que no resulta válido en tu caso, sáltatelo o esquívalo. Y ten cuidado con las respuestas simplistas y rápidas o con responder a la defensiva. Ante una pregunta «difícil» lo mejor que puedes hacer es reflexionar antes de contestar.

Aspectos que dejamos de lado

¿A quién has dejado de lado?: _____
_____
_____
_____

¿Qué aspectos personales has descuidado?:_____
_____
_____
_____

Cartas que no has escrito o llamadas que no has hecho sabiendo que eran importantes: _____
_____
_____
_____

¿En qué aspectos has ignorado tu creatividad o no la has explotado?:
_____
_____
_____
_____

¿En qué aspectos has ignorado tus sueños o pasiones o no los has perseguido?:_____
_____
_____
_____

¿En qué aspectos te has desentendido de tus responsabilidades u obligaciones?:_____
_____
_____
_____

¿Hasta qué punto has descuidado o ignorado tu vida espiritual o religiosa?:_____

_____

_____

_____

¿Hasta qué punto has descuidado o ignorado tu salud o bienestar?:_

_____

_____

_____

La sombra lo sabe:
enfrentarse a los aspectos de los que te avergüenzas
o a los que temes

La socialización nos afecta a todos. Al crecer, aprendemos a sentir vergüenza o a abandonar aspectos inherentes a nuestro ser. Nos decimos cosas como: «Sentir esto no es correcto», «Con este comportamiento no conseguiré que me quieran ni tampoco la aportación de mis padres o amigos» o «Piensan que soy raro porque entiendo la vida de otra manera». Con el objetivo de encajar, cortamos una tajada de aquí y otra de allá para conseguir una cierta seguridad, otra para que nos quieran, otra porque llegamos a la conclusión de que hay una parte de nosotros que no es aceptable, etc. Al final terminamos siendo un ser de 270 grados, o de 180, lo que significa que una parte bastante significativa de nosotros se pierde, y si en algún momento de nuestra vida queremos realizar un cambio o transición hacia una nueva fase, quizá ya nos hayamos quedado sin los debidos recursos. Reprimir o intentar eliminar algunos aspectos de nuestro ser no significa que éstos vayan a desaparecer, ya que los aspectos que no reivindicamos yacen en la sombra. Ésta puede influenciarnos negativamente desde nuestro interior o puede entrometerse en los momentos menos oportunos. Asimismo —y lo que todavía es

55

peor—, nos quedamos sin fuerzas porque esta parte de nosotros que ahora ya no está tenía su propia energía. Para empezar a cambiar cuando surja una crisis, nos veremos obligados a enfrentarnos a nuestros aspectos oscuros y reivindicarlos para que éstos nos proporcionen la energía que necesitamos.

Aquello que no aceptamos como nuestro tiene que tener cabida en un lugar u otro y, al no reconocerlo, nos acechará desde el interior, manifestándose bruscamente. Con el fin de reclamar las partes que te faltan, primero deberás reconocer las partes oscuras de tu ser, ser consciente de ellas y explorarlas.

> Parece existir alguna conexión entre los lugares que hemos repudiado en nuestro interior y la llave que nos mostrará el lugar al que debemos dirigirnos. Como suele ocurrir, la vida funciona de tal modo que no nos permite dejar atrás nada que, de un modo u otro, todavía no esté resuelto.
>
> DAVID WHYTE

En su poema «Aviso al lector», Robert Bly sugiere que a veces tenemos que pasar por lugares oscuros y tortuosos si queremos seguir viviendo. Para ello, utiliza la imagen de unos pájaros atrapados en un granero abandonado desde el que pueden ver la luz del sol, que se cuela por las juntas de los listones de las paredes. Atraídos por la luz, intentan escapar por allí, pero la salida no existe. Al final, exhaustos, caen muertos. Bly escribe: «La salida se encuentra donde las ratas entran y salen. Pero el agujero de las ratas está abajo, en el suelo». Creo que ésta es una imagen muy poderosa. A casi todos nos atrae más la luz; sin embargo, la salida de una crisis y la vuelta a nuestra integridad suele conseguirse a través de un lugar oscuro, como es el caso del agujero de las ratas. Por naturaleza, nos mostramos reticentes ante dicha opción, pues está llena de recuerdos y sentimientos oscuros, secretos e incómodos. No obstante, en muchos casos resulta necesario tomar esta vía.

Como terapeuta, a menudo tengo la sensación de ser igual que un cura en el confesionario. Hay quienes deciden empezar una terapia sin previamente haber reconocido nada ni haber hablado de algo en concreto con nadie. En muchos casos se trata de cosas de las que se sienten avergonzados, como por ejemplo sentimientos o deseos secretos o acontecimientos o recuerdos que los han marcado. Quizá de pequeño fuiste víctima de abusos sexuales. Quizás otros niños se reían de tu físico o de alguna característica de tu personalidad y todavía sigues acomplejado. Quizá te pasas las noches dándole vueltas a algo o te atracas de helado cuando tu familia ya se ha ido a la cama.

A menudo estas reacciones están relacionadas con el sexo. Quizás eres un hombre en principio heterosexual, casado, pero que en secreto tiene fantasías sexuales con hombres. Quizás eres una madre y esposa que en secreto desea recibir latigazos y golpes. Quizá te dediques a llamar compulsivamente a líneas calientes o navegues secretamente por Internet en busca de fotografías pornográficas.

Sea lo que sea, cuando las personas sacan estos temas al hacer terapia, a menudo sienten menos vergüenza y se aceptan más a sí mismos.

A continuación encontrarás una serie de preguntas para que las tengas en cuenta a la hora de perder un poco los complejos. De nuevo, quizá lo más adecuado será que las leas atentamente y dejes que cuajen un poco antes de contestar. Si anotas las respuestas, procura que nadie pueda leerlas, ya que se trata de algo íntimo y de empezar a sincerarte contigo mismo sobre tu vida.

Enfrentarte a aquello que te avergüenza
y a tu lado oscuro

¿Algo de lo que sientes te atemoriza?: _____
_____
_____
_____

¿Cuáles son los sentimientos o pensamientos de los que, por dentro,
te avergüenzas?:_____
_____
_____

¿Cuáles son los sentimientos o pensamientos de los que te avergon-
zarías si los demás los descubriesen?: _____
_____
_____
_____

¿Sientes algún deseo del que te avergüences?: _____
_____
_____

Si no fuese por los remordimientos que podría provocarte o si no tuvieses obligaciones que te frenasen, ¿qué es lo que te gustaría hacer?:
_____
_____
_____
_____

¿Te ha ocurrido algo que no quieres que nadie sepa?:_____
_____
_____
_____

¿Has hecho algo que no querrías que nadie supiese?: _____

_____

_____

_____

Premisas y pautas: ideas anacrónicas y hábitos que puedes desafiar y cambiar

La historia que voy a contar tiene muchos años y espero que no se entienda como típica. En todo caso, se trata de una muy buena historia para el propósito que perseguimos, así que vale la pena prestarle atención, aun si ya se conoce. No tiene nada que ver con las crisis, aunque sirve para ilustrar la clase de cambio que una crisis puede comportar.

Una Nochebuena, mientras ayudaba a su madre a preparar la cena, Pam sintió una curiosidad.

—Mamá, cada año cenamos jamón en Nochebuena y siempre le has cortado los extremos. ¿Por qué lo haces? ¿Lo haces por el sabor o porque así alimenta más?

La madre de Pam pensó un momento y luego contestó:

—Bueno, de hecho no sé por qué lo hago así, tesoro. Es como siempre lo he hecho.

—Pero ¿por qué? —volvió a preguntarle Pam.

Entonces su madre le contestó que también su madre lo hacía así y que, como ella siempre lo había visto preparar de esa manera, pensó que era así como tenía que prepararse el jamón. Entonces fueron al salón y le preguntaron a la abuela Ruth por qué tenía que prepararse así el jamón. La abuela respondió lo mismo que la madre, por lo que decidieron llamar a la bisabuela, que vivía en una residencia de ancianos. Ante la pregunta, la bisabuela se echó a reír y contestó:

—Lo hago así porque, al principio de estar casada, la única sartén que tenía era demasiado pequeña para preparar el jamón, que, como teníamos muchos invitados, era siempre muy grande.

Las crisis pueden servirnos para preguntarnos si realmente las cosas deben ser como son, tanto en nuestro caso como en el caso de quienes nos educaron. Desde pequeños seguimos a ciegas los modelos que nos enseñan y lo hacemos sin preguntarnos si están bien o no. Estos modelos pueden ser de distinta índole:

1. Premisas o viejas creencias.
2. Modelos de comportamiento.
3. Modelos de socialización.

PREMISAS: CREENCIAS QUE NO ANALIZAMOS NI DESAFIAMOS O SUPOSICIONES QUE RIGEN NUESTRAS VIDAS

A los 50 años, Lynn perdió su cargo de ejecutivo. Cuando ocurrió no se lo contó a su mujer y lo que le dijo fue que había decidido tomarse tres meses de excedencia, consciente de que su mujer sabía que la empresa ofrecía tal opción. Pensó que en menos de tres meses ya habría encontrado otro trabajo y que no habría necesidad de contarle que lo habían echado. Entonces le diría que había decidido mejorar profesionalmente.

> No existe nada tan peligroso como tener una única idea.
>
> ÉMILE CHARTIER

Sin embargo, buscar trabajo resultó ser una tarea mucho más ardua de lo que se había imaginado, los tres meses pasaron y Lynn aún no había encontrado empleo. Al final terminó contándole la verdad a su mujer. Ésta se sintió muy decepcionada, pero al mismo tiempo supo ver que el comportamiento de su marido era fruto de un sentido del orgullo y de la tozudez debida a querer solucionar el problema él solo, ya que en ningún momento Lynn pidió ayuda.

A los seis meses, la situación financiera de la familia iba cada vez a menos, por lo que su mujer le pidió que buscase asesoramiento profesional o que solicitase el desempleo. Sin embargo, a Lynn le seguía frenando el orgullo.

Al cabo de un año les embargaron la casa y Lynn tuvo que soportar la realidad de no poder seguir haciendo las cosas por sí solo.

En una de sus canciones, el cantautor John David Souther dice: «Lo que ocurre es que me cuesta ver el lugar en el que me encuentro». Las premisas suelen ser creencias o ideas que no hemos analizado y a partir de las que actuamos. Lo que muchas veces limita o determina nuestras vidas son ideas o «verdades» que hemos aceptado sin analizar. Quizá nos hayan ayudado en ciertos momentos, pero llegado un cierto punto dejan de funcionar. El mundo cambia y evoluciona, pero si nuestras ideas o creencias se mantienen firmes, terminaremos en pugna con nosotros mismos.

Una vez oí las siguientes palabras: «No es que nosotros tengamos ideas, sino que las ideas nos tienen a nosotros». Así pues, ¿cuáles son los pensamientos e ideas que te tienen a ti? ¿Qué creencias que ni siquiera has analizado o desafiado han estado dirigiendo tu vida, llegando incluso a convertirte en una marioneta en alguna ocasión? A menudo resulta difícil desenterrar estas creencias porque suelen formar parte de nuestra manera de pensar, actuar y sentir. Puede que una crisis, al perturbar nuestro equilibrio, las ponga de manifiesto, pero en más de una ocasión ni siquiera sufriendo una crisis logramos ser conscientes de la existencia de estas creencias. Sin embargo, si las analizamos y analizamos también nuestro comportamiento, quizá logremos sacar a la superficie este tipo de actitudes derrotistas.

Para que puedas identificar estas actitudes, te proporcionaré una serie de ejemplos procedentes de casos de amigos, familiares y pacientes. Léetelos y comprueba si alguno de esos ejemplos es válido en tu caso. Si no es así, utilízalos igualmente como modelos para identificar premisas que quizá sí te estén dirigiendo.

TUS PREMISAS

☐ Van a dejarme, o sea que me voy yo antes.

☐ Se supone que debo ser invisible.

☐ Tengo carencias (afectivas, económicas, de seguridad, sexuales o...).

☐ Siempre tendré carencias (afectivas, económicas, de seguridad, sexuales o...).

☐ No puedo decir la verdad, porque, si lo hago, me harán daño o me juzgarán.

☐ Tengo toda la razón.

☐ Si no controlo la situación, ocurrirá algo.

☐ Tengo que ejercer el control; de lo contrario, me controlarán a mí.

☐ No puedo soportar sentirme (enfadado, triste, solo, inadaptado o...).

☐ Tengo que comportarme y amoldarme; de lo contrario, no me van a aceptar ni querer.

☐ No soy como el resto, y por ello me criticarán, me rechazarán o no me querrán.

☐ No estoy a la altura.

- [ ] Soy tonto.
- [ ] Soy demasiado sensible.
- [ ] No se puede confiar en la gente. Todo el mundo intenta aprovecharse de mí.
- [ ] Al carajo con el sistema. Siempre que pueda desafiaré al sistema y a las normas y me enfrentaré a ellos.
- [ ] Si cuido a las mujeres y logro que acaben dependiendo de mis cuidados, me querrán y me satisfarán sexualmente.
- [ ] Tengo que hacerlo bien. No puedo fallar. Tengo que ser perfecto.

¿De qué estás pendiente?

Mi primera esposa era una persona muy crítica. Sin embargo, ahora estoy casado con Steffanie, quien apenas lo es. Durante muchos años, reaccionaba ante ciertos comentarios de Steffanie como si se tratase de críticas. En alguna ocasión sí lo eran, pero casi nunca era el caso. Cuando profundizábamos algo, solía terminar dándome cuenta de que lo que inicialmente había entendido como una crítica no lo era. Después de que esto ocurriese varias veces, entendí que lo que para mí era una crítica no lo era para Steffanie. Descubrí, pues, que en realidad estaba pendiente de que me criticasen. Cualquier cosa que remotamente se asemejaba a una crítica yo la entendía como tal. Entonces me acostumbré a preguntarle a mi mujer qué era lo que quería decir o a decirle que estaba entendiendo lo que me estaba diciendo como si fuese una crítica. Si no era así, me explicaba lo que me estaba queriendo decir.

¿De qué estás pendiente? ¿Piensas que van a abandonarte? ¿Estás esperando que la gente te deje o te decepcione? ¿Temes que te controlen o te manipulen y lo tienes en cuenta cuando estás con la gente?

¿O quizás estás pendiente de que ocurra algo negativo? Cuando las cosas van bien, ¿piensas que tiene que acabar ocurriendo algo malo?

¿Estás siempre pendiente de las equivocaciones de la gente? ¿Estás pendiente de tus equivocaciones o de hacer el ridículo?

Un modo de reconocer nuestras premisas, pues, es intentando ver de qué cosas estamos pendientes y analizando nuestra primera interpretación de las situaciones. ¿Cómo crees que es el mundo o el resto de la gente? ¿Cuál crees que es la naturaleza de la vida? Tengo un amigo cuya filosofía es: «La vida es asquerosa, y luego vas y te mueres», mientras que otro de mis amigos dice: «La vida es maravillosa, y a ella te entregas».

Las siguientes preguntas te servirán para que identifiques tus premisas.

Identificación de premisas

¿De qué estás pendiente? ¿De qué temes darte cuenta?:_____
_____
_____
_____

¿De qué estás seguro que va a ocurrir?: _____
_____
_____
_____

¿Qué crees que debes hacer o tener? ¿Quién crees que debes ser?: _
_____
_____
_____

¿Qué crees que no debes hacer ni tener? ¿Quién crees que no debes ser?:_____

_____

_____

_____

¿Cuál crees que es la naturaleza de las personas, del mundo, de la vida, de las relaciones?: _____

_____

_____

_____

PAUTAS DE COMPORTAMIENTO: RUTINAS QUE TE SUPERAN

Por haber desarrollado unas pautas de comportamiento en ciertos aspectos de tu vida, como ocurría con las premisas, has dejado de ser flexible y has empezado a controlar dichos aspectos. Sin embargo, al contrario que en el caso de las premisas, las pautas de comportamiento no son producto de la mente. Se trata de cosas que hacemos de una manera concreta repetidamente. De hecho, en los grupos que se sirven del método de los doce pasos, una definición muy aceptada de locura es el hacer lo mismo una y otra vez esperando que se produzcan resultados diferentes.

A menudo, de una crisis fuerte podemos obtener un resultado positivo, ya que nuestras pautas de comportamiento sufren alteraciones y se las desafía hasta un punto que resulta imposible en circunstancias normales. A veces estas alteraciones tienen carácter temporal, pero puede tratarse de una oportunidad única para salir de nuestro entorno habitual de comodidades y experimentar con otros modelos de comportamiento, como si la crisis hubiese lanzado los naipes al aire y tú tuvieses que jugar con los cincuenta y dos naipes de la baraja. Puedes volver a barajarlos y quizá conseguir otra mano.

Ralph había sufrido un infarto y el doctor le dijo que tenía que hacer ejercicio asiduamente. Cuando me contó cuáles eran sus pautas de comportamiento, me dijo que cada tarde, al volver a casa, solía prepararse un whisky y se sentaba a ver las noticias en el sofá; ahora, en cambio, al llegar a casa, grababa las noticias y se iba a pasear unos tres cuartos de hora. Tras el paseo, se sentaba con su bebida a ver las noticias, y perdía menos tiempo, porque cuando había anuncios se los saltaba. Ralph no abandonó sus hábitos —las noticias y su bebida—, pero logró incorporar un nuevo comportamiento positivo en su vida.

Identificación de pautas positivas

¿Qué es lo que haces del mismo modo una y otra vez?: _____
_____
_____
_____

¿En qué lugar sueles estar casi siempre?: _____
_____
_____
_____

¿Hay algo que hagas a la misma hora cada día? ¿De qué actividad se trata y cuándo la pones en práctica?: _____
_____
_____
_____

¿Tienes algún hábito que combines con otros, como por ejemplo fumar y beber, o comer y ver la televisión?: _____
_____
_____
_____

¿Qué orden sigues a la hora de hacer las cosas?: _____

_____

_____

_____

Si un actor tuviese que interpretarte y tú tuvieses que enseñarle, ¿qué movimientos y pautas le enseñarías? (Piensa en lo que comes, cómo te desplazas al trabajo, el ejercicio que haces, cómo duermes, qué ves en televisión, qué lees, cómo te relacionas con tus amigos, hijos y pareja.)

_____

_____

_____

PAUTAS EN LAS RELACIONES: COSAS QUE TE OCURREN UNA Y OTRA VEZ

Una vez escuché una grabación de la psicóloga Susan Jeffers llamada «Opening Our Hearts to Each Other», en la que cuenta la historia de cómo llegó a casarse con quien ahora es su marido. Jeffers había pasado por toda una serie de relaciones sin futuro en las que aunque al principio su pareja parecía ideal, la relación nunca llegaba a buen puerto. Un buen día apareció la persona que acabaría siendo su marido. Al comienzo a Susan no le atraía nada porque estaba convencida de que no era su tipo. Sin embargo, él fue persistente y ella, tras volver a sucederle lo de siempre con otro hombre, decidió dar una oportunidad a la persona que terminaría siendo su marido: le caía muy bien y juntos lo pasaban en grande, pero ella seguía sin sentir esa «química» que había sentido con otros hombres. Sin embargo, con el tiempo empezó a sentir algo especial hacia esta persona y la química fue surgiendo poco a poco, hasta que se enamoró perdidamente de él. La moraleja de la historia, según Jeffers es la siguiente:

«Sal siempre con hombres que no sean tu tipo, sobre todo si aquellos por los que te has sentido atraída anteriormente no te han conducido a una relación positiva».

¿Cuáles son las pautas recurrentes en tus relaciones íntimas? ¿Suelen dejarte? ¿Son demasiado críticos contigo? ¿Te agobian? ¿Te cuesta encontrar pareja? ¿Eres infiel a tu pareja constantemente? ¿Tu pareja te es infiel? ¿En tu relación se producen conflictos inevitables a causa del dinero?

Identificación de las pautas que sigues en tu relación

¿Qué te ha ido pasando una y otra vez en las relaciones íntimas?: __
_____
_____
_____

¿Cuál es el tipo de persona que más te atrae como amigo o pareja?:
_____
_____
_____

¿De qué aspecto de vuestra relación suele quejarse tu pareja?: _____
_____
_____
_____

¿Qué hecho inexplicablemente doloroso se ha ido repitiendo en tus relaciones?:_____
_____
_____
_____

¿De qué aspectos de tu relación sueles quejarte?: _____
_____
_____

El karma de la vida: acciones recurrentes, interacciones o los resultados de tu vida

En alguna ocasión, a la combinación de premisas y pautas de comportamiento y relación la denomino *el karma de la vida*. Ésta es una noción que he tomado de la reencarnación, donde el karma es considerado una pauta o lección que debe resolverse en la vida presente; de lo contrario, nos tocará volver y resolverlo en la próxima vida. También se entiende como lección a la que debemos enfrentarnos en la vida presente, al tratarse de un vestigio de una existencia anterior.

El karma de la vida consiste en la idea de que ciertas lecciones van repitiéndose hasta que rompemos las pautas o aprendemos a afrontarlas de una modo más satis-

> Si la historia se repite es por la poca atención que prestamos a los hechos la primera vez que éstos ocurren.
>
> BLACKIE SHERROD

factorio. Saber identificar y resolver las pautas de este karma de la vida a menudo puede ayudarnos a identificar nuestras premisas y a romper las pautas que ponemos en práctica cuando nos relacionamos.

Identificación del karma de tu vida

¿Qué cosas que te desagradan te suceden en la vida una y otra vez?:

_____

_____

_____

¿Qué hábitos, comportamientos o cualidades te han criticado una y otra vez a lo largo de tu vida?: _____

_____

_____

_____

¿Existe algún aspecto relativo a tu economía, relaciones, trabajo o salud que te provoque frustración o desconcierto?: _____

_____

_____

_____

¿Existe algo que suelas temer que vaya a ocurrir o que evites en tus relaciones y en la vida en general?:_____

_____

_____

_____

Los siguientes puntos te servirán para que empieces a desafiar las premisas que quizá yazcan bajo tu karma o dominen sus pautas.

RECONOCER EL KARMA DE TU VIDA

1. Empieza a pensar en resultados recurrentes que te descontenten o te frustren y que tengan que ver con tus relaciones y tu vida en general.
2. Luego piensa si de algún modo eres artífice de tal situación y qué es lo que hiciste para que así ocurriese.
3. Por último, ¿qué temor o conclusión acerca de los demás y de la vida en general refleja esta situación?

Después de dar respuesta a estas preguntas, deberías llevar a cabo un experimento para desafiar e intentar resolver tu pauta de karma de tu vida. Una vez asistí a un seminario de autoayuda cuyo coordinador nos prometió que, tras el seminario, podíamos esperar que desapareciesen todos los problemas y pautas que habían dirigido nuestras vidas hasta ese momento. Nos dijo que íbamos a tener nuevos y mayores problemas. La gente se rió. Yo, en cambio, sentí curiosidad. Estaba harto de tener que enfrentarme una y otra vez a los mismos aspectos y pautas. Las crisis pueden brindarnos la oportunidad de llevar a cabo los cambios necesarios para abandonar las premisas y pautas vigentes. Si todavía no las has desafiado, prueba el siguiente experimento:

Desafiar el karma de tu vida

1. Piensa en una premisa con la que hayas estado viviendo.
2. A continuación, elabora un plan para detectar e interrumpir tu reacción o interpretación automática en una situación en la que haya dominado la premisa.
3. Y por último, ¿qué es lo que alguien con una premisa como la tuya no haría jamás? Intenta hacerlo.

Pautas para el éxito: estrategias que ya no resultan

Las crisis también nos sirven para desafiar las estrategias que hasta ahora nos han ido bien para prosperar, al contrario de las premisas y pautas viejas e inútiles, que a menudo nos han causado confusión. Las estrategias para lograr el éxito consisten en modos de ser, de comportarse, de relacionarse y de pensar cuyos resultados nos proporcionan una enorme satisfacción y nos benefician.

Sin embargo, lo que hasta el momento nos ha funcionado quizá no sea suficiente para el resto de la vida. Nuestros hábitos de trabajo, por ejemplo, pueden haber sido la clave del éxito de nuestra carrera profesional, pero al mismo tiempo un estorbo para nuestras relaciones personales.

Jack llegó muy lejos tras abrir una de las primeras cadenas de pizzerías en Estados Unidos en las que se permitía a los clientes escoger los ingredientes y el tipo de masa. Hasta entonces, casi todas las pizzerías estaban especializadas en una clase concreta de pizza, por lo que únicamente ofrecían algunos ingredientes. A Jack nunca le había gustado esta idea porque le apetecía combinar otros ingredientes. Así pues, decidió abrir su propia pizzería y le fue tan bien que al cabo de un tiempo convirtió el negocio en una franquicia y lo extendió a lo largo y ancho del país. Con ello, se hizo millonario.

Sin embargo, a pesar del éxito, Jack empezó a tener problemas en su vida personal. Tenía dinero y éxito y salía con chicas, pero, tarde o temprano, pretendía hacerlas encajar en el mismo patrón: les aconsejaba que cambiasen de imagen y empezaba a comprarles ropa que a él le gustaba. Casi todas aceptaban los cambios hasta este punto; sin embargo, llegaba un momento en que Jack también pretendía cambiarles la personalidad e incluso en algunos casos llegó a pagarles operaciones de cirugía estética para que así obedeciesen a su concepto de belleza. Para colmo, si luego no estaba conforme con los resultados, las coaccionaba a que pasasen de nuevo por el quirófano: era entonces cuando las chicas lo dejaban.

Jack recibió el primer aviso cuando una de sus novias lo abandonó. Se trataba de una chica de quien estaba profundamente enamorado y además la consideraba «casi perfecta». Se dio cuenta de que nunca iba a conseguir todo el afecto que necesitaba y entonces el dinero y el éxito empezaron a deprimirlo. Se le metió en la cabeza que terminaría muriendo solo y sin que nadie lo quisiera, pero a su vez no entendía por qué las mujeres con quienes salía no acababan de adaptarse a sus propuestas de cambio de imagen porque seguía convencido de que lo que hacía era ayudarlas a que mejorasen. En un momento dado, sin embargo, se dio cuenta de que, aunque en la vida hay cosas que pueden llegar a ser «perfectas», las personas no se encuentran entre ellas. A partir de ahí Jack empezó a estudiar el budismo, a practicar los principios de desapego de esta religión y a aceptar la felicidad que le procuraban las amistades y las personas tal como son.

Estas pautas para el éxito dejan de ser válidas en dos casos. En el primero acabamos aplicando a todo una pauta que sólo sirve para algo concreto, terminamos aplicándola a todo o usándola más de lo que es debido. Puede ser que lo que funcione en un entorno familiar concreto no sirva en una relación de pareja, que lo que funcione en casa no sirva en el trabajo, o viceversa.

El otro caso es que lo que te ha funcionado hasta un cierto punto te ha ayudado a que sobrevivieses e incluso a que prosperases; sin embargo, quizá te esté limitando de cara a la siguiente fase o dirección que vayas a tomar.

La vida de Beth había sido siempre un camino de rosas. Sacaba buenas notas sin apenas abrir los libros porque era una persona muy inteligente y además era capaz de intuir lo que iba a salir en el examen o lo que un profesor valoraría en un trabajo. Así que éste fue el *modus operandi* que aplicó en la carrera y durante un buen tiempo en su vida profesional. Luego Beth empezó a dirigir seminarios. Estaba encantada con la docencia y se desenvolvía bien. Era divertida y vital, sus seminarios tenían mucho éxito y no le faltaba el trabajo.

Sin embargo, por mucho que se esforzase, Beth no conseguía estar entre los mejores profesores de los seminarios. Tras varios años dedicándose a ello, notaba que seguía en la misma posición de desventaja, pese a que se esforzaba mucho para mejorar su perfil y posición. Beth era una persona que daba mucha importancia al éxito y también estaba convencida de que era mucho lo que podía transmitir mediante la docencia. Se sentía, pues, muy frustrada por no llegar adonde deseaba.

La trayectoria profesional de Beth empezó a estancarse. Cada vez le pedían con menos frecuencia que hablase en público y cuando, en ocasión de un importante congreso a escala nacional, la organización descartó su participación y escogió a otro orador, tuvo el valor de llamar al organizador, con quien ya había trabajado anteriormente, y pedirle que le fuese sincero y le contase por qué no le habían pedido que participase en el acontecimiento. Ante esta pregunta, lo primero que hizo el organizador fue asegurarse de que Beth realmente quería saber la verdad y nada más que la verdad, ya que ésta podía dolerle. Entonces le explicó que, al salirle las cosas siempre muy bien, tendía a no esforzarse; en su trabajo tenía un cierto nivel de calidad, pero le faltaba algo. El organizador le dijo a Beth que sus capacidades eran superiores a lo que ofrecía. Así pues, la desafió a abandonar la vía fácil hacia el éxito. Al principio Beth no se tomó nada bien las palabras de esta persona y durante varios días, para sus adentros, no dejó de maldecir a ese hombre: estaba convencida de que no tenía razón, de que no sabía lo que se decía, de que era machista, de que no había nadie en este mundo que trabajase más que ella.

Sin embargo, tras la rabieta, Beth se dio cuenta de que esta persona no estaba equivocada. A partir de entonces procuró no detenerse cuando, en su trabajo, alcanzaba el punto de «ya está bien así». Beth empezó a esmerarse más a la hora de investigar, de presentar las exposiciones orales, e incluso se puso en manos de un asesor para que la ayudase a profundizar y ampliar materiales. Al cabo de un tiempo, las ofertas para que participase en seminarios de alto nivel se multiplicaron y su reputación como oradora empezó a ir en aumento.

Identificación de tus pautas de éxito

¿Qué es lo que te sale tan bien que termina perjudicándote o perjudicando a otras personas?:_____
_____
_____
_____

¿Qué es lo que te funcionó para llegar lejos pero sabes que no va a servirte para alcanzar otras metas en tu trayectoria profesional, tus relaciones o tu vida en general?: _____
_____
_____
_____

¿Qué es lo que alguien con tus mismas pautas de éxito jamás haría? Intenta hacerlo: _____
_____
_____
_____

El próximo capítulo pone de relieve de un modo más preciso todo lo que una crisis puede aportar. Para ello, voy a proporcionarte unas pautas que te ayudarán a escucharte a ti mismo todavía mejor y a lograr captar el mensaje que puede proporcionarte la crisis.

3

Escucha tu voz interior: recupera lo que es realmente importante y esencial

> Las enfermedades —o las crisis— pueden convertirse en los neumáticos desinflados de nuestro espíritu. Se trata de alteraciones que afectan nuestra vida y que, cuando ocurren, nos parecen desastres, pero al final terminan alterando nuestro rumbo positivamente.
>
> BERNIE SIEGEL

Una vez que hemos atravesado una de estas crisis «positivas», existe la oportunidad o posibilidad de volver a lo que es vital, esencial e importante para nosotros y nuestra vida, y ante lo que quizá nos habíamos rendido o de lo que nos habíamos apartado. Las crisis nos pueden llevar a plantearnos las grandes preguntas de la vida: *¿quién soy?, ¿cuál es el sentido de todo esto?, ¿qué es lo que se supone que debo hacer con mi vida?, ¿por qué estoy aquí?*

Uno de los aspectos más importantes que he podido constatar en amigos y pacientes es que luchan por entender qué deben hacer en la vida, es decir, por encontrar una profesión o un trabajo que tenga sentido, o por darse cuenta de cuáles son las amistades y los caminos más adecuados.

Hubo un tiempo en el que esto me dejaba perplejo porque desde que soy adulto casi siempre he sabido escuchar a mi corazón a la hora de resolver un dilema profesional o de decidir qué camino seguir en esta vida. No obstante, al ver en apuros a personas en esas circunstancias, empecé a reflexionar acerca de cómo llegan a alcanzar la claridad aquellos a los que ha costado menos encontrar su camino. Tras buscar, observar y pensar detenidamente, llegué a la conclusión de que existen dos pistas que nuestros corazones y almas nos proporcionan respecto a lo que deberíamos hacer en la vida.

Felicidad o amargura: dos señales muy claras de nuestro interior que nos indican la dirección correcta

Estoy convencido de que nuestro interior emite dos señales muy claras acerca de lo que tenemos que hacer en esta vida. Una señal nos recuerda qué es lo que nos hace felices, mientras que la otra nos recuerda qué es lo que más nos disgusta.

Pienso que, desde lo más profundo de nuestro ser, todos recibimos estos dos tipos de mensajes que nos guían hacia las direcciones adecuadas para, desde allí, pasar a otros aspectos. Las crisis suelen ser oportunidades para volver a recibir estos mensajes procedentes de nuestro interior y prestarles atención bajo un prisma distinto.

Antes de convertirse en escritor, Dominick Dunne fue productor cinematográfico en Hollywood. Siempre le había fascinado el mundo de la gente rica, famosa e influyente, y pensó que el cine le permitiría relacionarse con la flor y nata. De hecho, así fue: como productor, conoció y se hizo amigo de mucha de esta gente, pero lo cierto es que Dominick era un productor más bien mediocre. Empezó a abusar de la bebida y a consumir drogas y, como consecuencia, terminó perdiendo el trabajo.

> Venirse abajo es algo maravilloso, siempre que luego nos podamos volver a levantar.
>
> DOMINICK DUNNE

Más o menos en esa época tuvieron lugar otros dos sucesos que le marcaron profundamente y que hicieron que su vida tomase un rumbo totalmente distinto. Uno fue un escándalo que hubo en Hollywood justo después de haber perdido su trabajo. El jefe de uno de los estudios había falsificado un talón por mucho dinero a nombre de un actor muy conocido y fue descubierto. Sin embargo, lo que realmente sorprendió a Dunne fue el resultado del delito. El jefe de esos estudios se rodeó de una serie de amigos muy influyentes con la intención de protegerse de cualquier consecuencia negativa: aunque perdió el trabajo, al poco tiempo ya lo habían contratado como jefe de otro estudio y nunca tuvo que enfrentarse a una pena de prisión. En cambio, la víctima fue rechazada por la élite de Hollywood y no volvió a actuar en más películas hasta que no hubieron pasado bastantes años. Dunne, que disponía por aquel entonces de todo el tiempo del mundo, se dedicó a seguir los rumores acerca de este caso buscando en los periódicos día tras día cualquier noticia que guardase relación con el caso, aunque era muy poco lo que contaban ya que el escándalo se tapó en gran parte.

La mujer del actor, que era amiga del editor del *Washington Post*, convenció a este periódico para que mandasen a dos periodistas a Hollywood a investigar y sacar a la luz la verdad del caso. Así lo hicieron, pero a los periodistas se les ponía trabas por doquier. En un restaurante, a los pocos días de estar en Hollywood, uno de ellos se fijó en Dominick Dunne, que estaba sentado en una mesa cercana, y lo reconoció, ya que su hermano había ido al colegio con el de Dunne. Así que se le acercó y le preguntó si les podía presentar a gente de Hollywood. Dunne accedió y durante las semanas que siguieron a este encuentro acompañó a los periodistas en las entrevistas y la preparación de los reportajes. Dunne entonces se dio cuenta de que le gustaba el trabajo que hacían y que él también estaba capacitado para hacerlo ya que, aunque nunca lo había manifestado, siempre había deseado escribir.

Hubo otro acontecimiento que hizo que se materializase un nuevo camino en la vida de Dunne. Su única hija, Dominique, había sido asesinada por un antiguo novio que empezó a acosarla cuando ella decidió dejar la relación. Durante la celebración del juicio, a Dunne le causó repulsión lo que presenció: las autoridades no permitieron que se presentasen pruebas de anteriores casos de malos tratos por parte del asesino. Cuando trabajó en cine, Dunne también se había dedicado al vestuario, y por ello le chocó mucho ver al asesino vestido igual que un cura y que éste, a lo largo del juicio, leía la Biblia como un verdadero devoto. Al asesino se le impuso una condena muy ligera y la reputación de la hija de Dunne quedó por los suelos.

Tras el juicio, Dunne notó que el odio que sentía era tan fuerte que, si no lo canalizaba positivamente, terminaría perjudicándole seriamente. Así pues, decidió escribir un relato ficticio sobre ese y otros juicios, así como toda una serie de artículos periodísticos sobre juicios en los que el acusado era rico, famoso o influyente. Dunne abandonó la bebida y las drogas tan pronto se dio cuenta de que había encontrado su verdadero destino y, con la escritura, empezó a disfrutar como jamás lo había hecho en el mundo del cine.

Los sentimientos que Dominick Dunne había experimentado hasta entonces habían sido tanto de felicidad como de amargura. Por un lado, disfrutaba estando con gente rica, famosa e influyente —se sentía, pues, feliz—; por el otro, sin embargo, quería hacer películas, pero no acababa de sentirse satisfecho. Tras empezar a beber y a consumir drogas cada vez se sentía más infeliz en todos los sentidos. Y cuando finalmente se vino abajo, dio con algo que le fascinaba: la escritura y el periodismo de investigación. La experiencia que había vivido con el asesinato de su hija y el juicio posterior lo habían indignado, del mismo modo que también se había sentido indignado ante la injusticia a la que fue sometida la víctima del escándalo de Hollywood —el sentimiento, en estos casos, había sido de amargura—. Estas emociones finalmente le condujeron a un camino con sentido: mediante la escritura de relatos y artículos sobre los delitos y juicios de la gente rica, famosa e influyente, lucharía para que a las víctimas se les hiciera justicia.

Hace unos años, el mitólogo Joseph Campbell fue entrevistado por Bill Moyers, quien le preguntó: «Si se le acercase un estudiante y le preguntase: "¿Cómo puedo decidir qué hacer con mi vida?", ¿qué le contestaría?». Campbell, sin vacilar, contestó: «Le diría que se dejase llevar por lo que le hace feliz».

Campbell no se refería a dejarse llevar por un capricho esporádico. Lo que quería decir era que, si sigues lo que en el fondo sabes que está bien y que te reporta vitalidad y alegría, está claro que no te estás equivocando.

Creo que en parte Campbell dio esta respuesta porque él mismo se había dejado llevar por lo que le hacía feliz y sabía muy bien cuál era su camino. Sin embargo, también he conocido numerosos ejemplos del otro camino que podemos tomar para saber lo que queremos en esta vida: me refiero a tomar el camino de lo que nos disgusta. Martín Luther King, por citar un caso, no optó por la vía fácil: todo lo que tenía que ver con las desigualdades que veía y experimentaba en su país le causaban una profunda indignación.

Existe un elemento común que conecta estas dos señales: *lo que nos anima y proporciona energía*. Puede tratarse de algo que nos proporcione un gran placer o, al contrario, algo que, como consecuencia de la rabia o de unas heridas del pasado, pienses que deba hacerse urgentemente para cambiar el mundo.

Podemos enfrentarnos a las cosas que nos disgustan de dos modos distintos: podemos dejarnos llevar por la herida —y, si ésta ha sido provocada por algo todavía no superado, puede ser muy dolorosa— o bien intentar cambiar algo que no funciona en el mundo. Puede que en algún momento de nuestras vidas hayamos experimentado algún tipo de injusticia que nos haya herido y que ahora tengamos la energía suficiente para hacer algo positivo a partir del dolor. Puede también que nos duela alguna injusticia que hayamos visto que existe en el mundo —hambre, racismo, violencia de género, malos tratos infantiles, padres que pierden la custodia de sus hijos, madres que se quedan sin recursos al divorciarse, etc.—. A Michele Weiner-Davis, una amiga mía terapeuta, le afectó mucho el divorcio de sus padres y, a raíz de ello, decidió dedicarse al asesoramiento matrimonial, tema que queda reflejado en su libro *Divorce Busting*.

Sin embargo, no todo el mundo responde igual ante las heridas que provoca un divorcio. En una entrevista, Steven Spielberg habló del tremendo efecto que le produjo el divorcio de sus padres cuando todavía era niño. Su madre era profesora de piano y su padre, técnico informático. El entrevistador le preguntó por una escena de su película *Encuentros en la tercera fase*, en la que humanos y alienígenas entran en contacto. Al principio no saben cómo comunicarse, hasta que uno de los científicos se da cuenta de que los alienígenas están transmitiendo cuatro notas musicales. Los humanos responden del mismo modo y entonces los ordenadores que generan las notas toman el mando y aprenden el lenguaje de la otra especie. De nuevo, el entrevistador le preguntó a Spielberg si esta escena estaba inspirada en las profesiones de sus padres. En ese momento, Spielberg, muchos años después de haber rodado la película, cayó en la cuenta de que estaba intentando relacionar las culturas lejanas de sus padres a través de una metáfora. Así pues, había convertido su herida en arte. Después de ello, Spielberg reconoció que había hecho casi todas sus películas para exorcizar los temores de su infancia: tenía miedo de lo que había bajo la superficie del mar y que no podía verse, e hizo *Tiburón*. Le disgustaba y asustaba el antisemitismo e hizo *La lista de Schindler*, una película sobre el Holocausto, seguida de un proyecto documental para preservar el recuerdo de los supervivientes de dicha tragedia.

La otra clase de indignación es la indignación justificada. La actriz Glenn Close afirmó: «El arte más sublime tiene su origen en un sentimiento de rabia». Sentir rabia ante una injusticia o condición social ha hecho que muchas personas tomaran en la vida una dirección y no otra.

Como en casi todas las crisis y situaciones adversas, podemos o bien continuar sintiendo el dolor de la herida y rabia, o bien aprovechar estos sentimientos para seguir adelante tomando un nuevo rumbo. Cuando la rabia o una herida hacen que nos movilicemos e intentemos cambiar una situación de injusticia, lo mismo que nos indigna o duele puede aportar un remedio y un sentido. Si solamente pensamos en la herida o en la rabia que sentimos, las consecuencias serán todavía más perjudiciales. Asimismo, si canalizamos esta amargura hacia los demás, difícilmente lograremos superar el dolor, más bien al contrario: cada vez nos sentiremos más insignificantes y perdidos. Glenn Close no se sirvió de ningún fusil para vengarse de quienes no le habían ofrecido papeles. Tampoco se pasó años haciendo terapia y explicando que no había logrado convertirse en actriz porque en casa no había recibido una buena educación. Glenn Close aprovechó su rabia para estimular su arte y alcanzar el éxito.

De manera similar, Steven Spielberg no se estancó medicándose contra sus temores y lo que hizo fue convertirlos en arte. A su vez, nosotros nos hemos beneficiado de ello a través de sus películas.

Si nuestros traumas y crisis hacen que conectemos con nosotros mismos o con los demás, ya sintamos compasión o el deseo de hacer algo por este mundo, esos traumas y crisis pueden actuar como remedio no sólo para nosotros, sino también para el mundo.

Ya que hasta ahora me he estado sirviendo de ejemplos de personajes conocidos, daré otro para contrarrestar la idea de que, si te dejas llevar por lo que te duele o te indigna, es para hacer algo muy grande o que vaya a cambiar el mundo.

Helen vivió con sus padres hasta los 7 años. Un día, su padre la llevó de visita a casa de unos tíos que vivían a unas cuantas horas de distancia. Cuando se despertó al día siguiente, su padre ya se había ido. Sus tíos se sentaron con ella y le explicaron que a partir de entonces iba a vivir con ellos. Sin embargo, no le explicaron el motivo. Helen era demasiado tímida y estaba tan conmocionada que ni siquiera protestó ni preguntó a qué era debido. Con el tiempo se adaptó a las nuevas circunstancias; no obstante, sin que nadie lo supiese, durante muchos meses, cada noche al acostarse lloraba hasta quedarse dormida.

Helen jamás volvió a ver a sus padres y tampoco tuvo noticias de ellos. Murieron al cabo de cinco años y sus tíos no le comunicaron la noticia hasta que no hubo transcurrido un año. Sus tíos nunca le hablaron de sus padres ni le contaron por qué la habían llevado a vivir con ellos.

Cuando Helen se hizo mayor, quiso participar en un programa de padres de acogida y tuvo con ella a niños con sida, bebés de madres adictas a la cocaína, niños víctimas de malos tratos o que habían sido abandonados. Todo eso le aportó a Helen una enorme felicidad y la llevó a ayudar a muchos niños defendiéndoles e interactuado con ellos. De algún modo, cada vez que acogía a uno de esos niños en casa, Helen tenía la sen sación de estar ayudando a una versión de su ser cuando todavía era una niña atemorizada, traumatizada y desconcertada.

A través del examen de estos dos aspectos podrás encontrar o ver más claramente tu propósito o dirección en esta vida:

1. Déjate llevar por la felicidad.
2. Déjate llevar por la amargura, la indignación justificada o el dolor.

DÉJATE LLEVAR POR LA FELICIDAD

En una ocasión vi un programa en torno a la creatividad y en él hablaron del director cinematográfico George Lucas. Explicaron que en la escuela de cine, un profesor dio a los alumnos treinta metros de cinta con los que tenían que practicar una nueva técnica con la cámara. Teniendo en cuenta el elevado precio de la cinta, Lucas utilizó la suya no solamente para aprender dicha técnica, sino también para hacer una película experimental, que más tarde presentó a un certamen cinematográfico para estudiantes y se llevó un premio. Adoptó esta táctica cada vez que conseguía algo de cinta, mientras que sus compañeros se quejaban porque nadie les dejaba hacer ninguna película. Lucas, sin embargo, siguió haciendo películas y su afición cada vez era más grande. El cine se convirtió en su pasión, en lo que más le fascinaba.

Él mismo dijo al respecto: «Debemos encontrar algo que nos guste hasta el punto de estar dispuestos a asumir riesgos, esquivar obstáculos y atravesar el muro que siempre vamos a tener enfrente. Si no sentimos algo así con lo que estamos haciendo, terminaremos deteniéndonos ante el primer obstáculo considerable».

Una vez, alguien preguntó a Henry Miller qué era lo que debía hacer para saber si tenía madera de escritor. La respuesta de Miller fue la siguiente: «Lo sabes cuando te das cuenta de que no puedes no ser escritor». Si la escritura te llama, si sientes la urgencia de ponerte a escribir, si no puedes evitarlo, entonces hazlo. Esto es, pues, lo que quiero decir con dejarte llevar por lo que te hace feliz. ¿Qué es lo que te motiva o te llama? ¿Cuáles son las cosas que te animan? ¿Para qué parece que hayas nacido? ¿Haciendo qué cosas te sientes cómodo?

Estas preguntas, sin embargo, poco tienen que ver con lo que haces bien: un amigo mío era muy buen abogado pero en cambio no le gustaba nada su profesión. Le atraía seguir ejerciéndola por el dinero y porque recibía cumplidos constantemente. No obstante, algo en su interior le decía que se estaba vendiendo al hacer algo en lo que sobresalía pero que al mismo tiempo no le reportaba satisfacción alguna. Al final, pues, abandonó la profesión y se dedicó a la construcción de viviendas asequibles y de calidad.

Dejarte llevar por la felicidad tampoco tiene nada que ver con lo que te proporciona un sentimiento de euforia circunstancial. Quizá te sientas en el séptimo cielo tras cobrar la paga de Navidad de un trabajo en la Bolsa o en una gran multinacional que en realidad te está consumiendo. Está claro que esto no guarda ninguna relación con dejarse llevar por la felicidad. Dejarse llevar por la felicidad significa hacer aquello que nos hace sentir vivos y que nos proporciona una enorme satisfacción.

Esto quizá signifique irnos a vivir a un pueblo donde no vayamos a ganar tanto dinero como en la ciudad, pero donde vamos a disfrutar del día de verdad, en vez de pasarlo desplazándonos de casa al trabajo y del trabajo a casa. O quizá signifique dejar el lugar donde vivimos para irnos a la ciudad y trabajar en lo que siempre hemos soñado o estar con la gente que queremos, aunque no nos guste la vida cosmopolita.

Pablo Neruda escribió un poema sobre el momento en que, siendo adolescente, descubrió que deseaba ser poeta. Una noche, de camino a casa, le salió su primer poema. Dicha experiencia le proporcionó tal energía y libertad que supo inmediatamente que tenía que seguir esa fuerza. Escribió Neruda: «Vi de pronto el cielo desgranado y abierto», y termina el poema diciendo: «Me sentí parte pura del abismo, / rodé con las estrellas, / mi corazón se desató en el viento».

No cabe duda de que éstas eran sutiles pistas de su más profundo interior que le decían que ése era su rumbo y destino. Si sentimos que nuestro corazón se desata en el viento, que rodamos con las estrellas y nos sentimos parte pura del abismo, lo mejor que podemos hacer es estar atentos y seguir en esa dirección.

Claro está que estas señales a veces pueden ser más sutiles, menos evidentes. Quizá tengamos que retroceder en el tiempo, incluso a nuestra infancia, y recordar cuáles eran las cosas que más horas de felicidad nos procuraban. Quizás estas cosas, actualizadas y con alguna pequeña variación, también sean válidas hoy. ¿Te gustaba diseñar vestidos para muñecas? ¿Disfrutabas haciendo puzzles? ¿Se te ocurrían guiones de películas? ¿Cambiabas las letras de las canciones?

Recuerdo una pista que era tan sutil y vaga que no he logrado comprenderla hasta hace poco, ya escribiendo este libro. Hace años, solía ver una serie televisiva llamada *The Waltons*, que seguramente muchos lectores recordarán. Me quedaba perplejo cada vez que la veía, porque siempre lloraba al final del episodio, y todos terminaban igual: la última escena mostraba siempre la casa de los Walton y se podía escuchar a los niños y a los padres dándose las buenas noches. Siempre era igual, y yo siem-

pre lloraba. Por aquel entonces me estaba formando como terapeuta familiar y matrimonial y ahora entiendo perfectamente el
motivo de mi reacción. Me conmovía la unión que había entre
los miembros de esa familia, y yo precisamente deseaba ayudar
a las familias a que consiguiesen esa misma unión. Casi todas
las familias que conocía o de las que tenía referencias vivían en
una situación en la que el amor y el dolor se mezclaban. Yo me
dejaba llevar por lo que me conmovía y por ello deseaba ayudar
a esas familias para que el amor fuese lo que reinase entre ellos.
Claro está que este deseo era a su vez fruto de unas heridas,
pues en el fondo todo guarda una relación.

Lo que te hace feliz es lo que te empuja, te da energía, te
conmueve, lo que obtiene una respuesta emocional por tu parte. Esa serie de televisión me hacía llorar; sin embargo, las
mías no eran lágrimas amargas. De hecho, me aficioné al programa. Algo en mi interior me estaba enviando una señal.

Identificar aquello que te hace feliz

- ¿Qué es lo que te colma de felicidad?
- ¿Qué es lo que te proporciona energía?
- ¿Qué cosas te hacen sentir vivo cuando las haces o estás cer-
  ca de ellas?
- ¿Dónde y con quién te sientes más feliz?
- ¿Qué es lo que en el fondo sabes que es lo más adecuado
  para ti y tu vida?
- De pequeño, ¿en qué solías pasar más horas o cuáles eran los
  sueños que más felicidad te proporcionaban?
- ¿Qué es lo que te empuja o te afecta profundamente?

Uno de mis colegas, Ernest Rossi, tenía un problema de aprendizaje que le dificultaba aprender a leer. En esa época todavía no se hablaba de estos casos y Ernest, que cada vez iba más retrasado, terminó en una clase de niños calificados como «retrasados». En el patio, sus antiguos compañeros se reían de él con toda la crueldad y gritaban: «Ernie es subnormal, Ernie es subnormal», y Ernest cada vez se sentía más acomplejado.

Cuando empezó el instituto, su familia acababa de mudarse, así que Ernest estaba ante la oportunidad de poder superar su complejo. Pese a que por aquel entonces ya había aprendido a leer, el primer día ya empezó a dudar de sí mismo. Se iba diciendo a sí mismo que no era lo suficientemente listo para estar en el instituto. Después de las clases, fue a ver qué había en la biblioteca del centro y quedó maravillado ante todos los conocimientos que contenían esos libros. Un tomo bastante grueso le llamó especialmente la atención. Ernest se dijo: «Si pudiese leer un libro así y entenderlo, demostraría que no puedo ser tan estúpido». Cogió el libro de la estantería y leyó el título: se trataba de la *Crítica de la razón pura*, de Immanuel Kant. Se sentó a leerlo y ya no entendió el primer párrafo. Pero volvió a leerlo, y así sucesivamente, hasta que al final entendió lo que el autor estaba diciendo. Hizo lo mismo con el resto de la primera página y al final, tras entenderlo todo, volvió a casa sintiendo una enorme satisfacción. Cada día, al salir de clase, Ernie se dirigía a la biblioteca para seguir con el libro, hasta que al final lo entendió todo. Al terminar el instituto, Ernie ya se había leído el libro tres veces.

Ernie llegó a estudiar una carrera universitaria y luego se matriculó en un doctorado de farmacognosia, una ciencia que estudia los medicamentos elaborados con plantas. Un compañero de universidad se le acercó un día, dejó caer en sus manos un libro muy grueso y le dijo: «Ernie, tú no estás bien. Léete este libro porque seguro que te va a ayudar». Ernie leyó el título: *La interpretación de los sueños*, de Sigmund Freud. Se lo llevó a casa, lo abrió y quedó fascinado inmediatamente. Ernie, que es una persona muy introvertida con una vida interior muy rica, se encontraba ahora ante un mapa de esa vida interior. Quedó totalmente cautivado por el libro, tanto que lo leyó más de una vez —¿te ha ocurrido lo mismo a ti?—. Al final tomó la decisión de abandonar el doctorado en farmacognosia y pasarse a otro de psicología para especializarse en psicoanálisis junguiano. Fascinado por el mundo de los sueños, Ernie llegó a desarrollar un nuevo método utilizándolos como recurso e incluso escribió un libro sobre ello. Asimismo, abrió una consulta muy próspera en el sur de California.

Todo le iba rodado hasta que algunos de sus pacientes empezaron a comentarle que, cuando analizaban sus sueños con él, tenían la sensación de haber entrado en un trance. Esto preocupó mucho a Ernie, porque él ponía en práctica las teorías junguianas y, por tanto, creía que la hipnosis era una técnica de charlatán. Pero a medida que el tiempo pasaba, cada vez eran más los pacientes que le hacían este comentario. Un día, un paciente suyo de edad avanzada que tenía conocimientos sobre las prácticas junguianas también le comentó que su trabajo sobre los sueños era muy hipnótico. Así pues, puestos a hablar del tema, el paciente le prestó a Ernie un libro que recopilaba algunos de los ensayos del doctor Milton H. Erickson titulado *Advanced Techniques of Hipnosis and Therapy*. Ernie se llevó el libro a casa y empezó a leérselo ese mismo día, que era viernes. Como siempre, empezó el libro con mucha curiosidad y, como ya le había ocurrido anteriormente, quedó fascinado. El doctor Erickson practicaba un método de trabajo muy curioso que no tenía nada que ver con la formación que había recibido Ernie. Ernie se pasó todo el fin de semana leyendo y tanto le fascinó el libro que casi no durmió hasta el domingo por la noche.

El lunes por la mañana, Ernie se levantó sintiendo un fuerte dolor de estómago. Le dolía tanto que decidió ir a urgencias, donde le hicieron varias pruebas. En los resultados no se encontró ninguna causa física que provocase el dolor, así que los médicos llegaron a la conclusión de que se trataba de algo psicosomático: quizá lo que ocurría era que Ernie no llegaba a asimilar que ese libro era un reto a su modo de trabajo y que le planteaba practicar un enfoque distinto. Con la ayuda de un medicamento, Ernie pudo volver a la consulta, pese a que todavía no acababa de encontrarse bien. Mientras tanto, seguía tan impresionado por la obra del doctor Erickson que pidió hora para visitarse con él, con la esperanza de que tan eminente sanador encontrase una solución para ese dolor de estómago que no conseguía quitarse de encima.

Yendo de California a Phoenix, en Arizona, donde el doctor Erickson tenía la consulta, el dolor de estómago de Ernie desapareció como por arte de magia. Ya en la consulta, Ernie le explicó su vida al doctor y ambos acordaron que Ernie se pondría a estudiar de la mano de Erickson. Con el tiempo llegaron a escribir tres libros juntos y luego Ernie siguió escribiendo muchos otros en torno a la curación física mediante la mente y temas relacionados.

Lo que vengo a decir es que, de algún modo, la dedicación de Ernie es fruto tanto de sus dudas y dolores —es decir, de sus heridas— como de lo que le proporcionaba felicidad. Ahora Ernie ya tiene más de 60 años y a estas alturas ha demostrado de sobras que de tonto no tiene ni un pelo. De hecho, recientemente me confesó que ya se siente en paz consigo mismo. No obstante, para conseguirlo, Ernie tuvo que seguir tanto la llamada de lo que le dolía —demostrando que no era estúpido y perseverando, dejando que su dolor de estómago lo guiase hasta el doctor Erickson o explorando temas complejos como la curación física mediante la mente— como lo que su corazón le decía —en este caso, los sueños y la labor de Erickson.

Identifica tu amargura mediante lo que te indigna con razón

- ¿De qué hablarías si te permitiesen aparecer durante una hora en un programa televisivo de máxima audiencia?
- ¿Qué es lo que, según tu opinión, no funciona en esta sociedad y sientes que tienes energía para intentar cambiarlo?
- ¿Qué injusticia te indigna más profundamente?

Déjate llevar por la amargura: lo que te duele

Las siguientes palabras son la opinión del psicólogo Sam Keen sobre lo que significa «dejarse llevar por la herida». Dice Keen: «Todos dejamos atrás la infancia con heridas. Con el tiempo podemos transformar lo desfavorable en favorable. Las marcas en la psique pueden convertirse en el encanto de un hombre o de una mujer. Las ofensas de las que hayamos sido víctimas nos invitan a asumir la más humana de todas las vocaciones: curarnos a nosotros mismos y a los demás». La afirmación de Keen, según mi opinión, es crucial. Una herida puede hacer que nos encerremos en nosotros mismos y que sintamos resentimiento, pero también podemos servirnos de esa misma herida para aportar nuestro grano de arena al mundo, ya sea a través del arte, de nuestro trabajo o del altruismo. Aprovechar las heridas de este modo no sirve solamente para curarnos a nosotros mismos sino también para curar al mundo. Nelson Mandela sufrió heridas a causa del racismo y la discriminación, pero a partir de estas mismas heridas contribuyó a la disminución del racismo.

La diferencia entre las heridas que conducen al estrés postraumático y al estancamiento y las heridas que nos ayudan a encontrar un camino en la vida y nos curan está en que estas últimas son las que podemos transmitir al mundo en vez de guardárnoslas dentro. Si en lugar de utilizar las heridas para aislarnos, nos servimos de ellas para movilizarnos y entrar en contacto con otras personas y con el mundo, obtendremos la energía que necesitamos para curarnos. Esto es algo que el escritor Frederick Buechner explica con las siguientes palabras: «Ni la penitencia ni el lujo van a servirnos de nada. El lugar al que Dios te indica que vayas es donde la alegría más profunda topa con el hambre del mundo». ¿Puedes utilizar algo que te proporcione energía —como por ejemplo una herida, lo que más te indigne o lo que más feliz te haga— para ayudar al mundo y a otras personas? Si es así, lo más probable es que surja algo positivo a partir de la convergencia que se dé entre tu persona y el mundo.

A Rudolf Giuliani se le consideraba un líder duro. Sin embargo, cuando tuvieron lugar los atentados del 11 de septiembre en la ciudad de Nueva York, lo que conmovió a la gente no fue su acometividad, sino su sensibilidad. Giuliani estuvo al lado de las familias de las víctimas y valoró de un modo muy humano el duro trabajo y el esfuerzo de todos aquellos que participaron en las tareas de rescate. Cuando, un año después de los ataques, la presentadora Oprah Winfrey le preguntó si fue el 11 de septiembre lo que le hizo cambiar, Giuliani respondió que no fueron los ataques, sino el hecho de haber sufrido un cáncer. «Lo que realmente me llevó al cambio de

93

verdad fue el cáncer de próstata. [...] La enfermedad me ayudó mucho. Fue un hecho positivo que me lo diagnosticaran, pues me hizo crecer mucho como persona. [...] Fue un regalo. [...] Me convirtió en un ser más profundo.»

Identifica tu amargura a partir de las heridas

- ¿Hacia qué clase de personas sientes más empatía o simpatía?
- ¿Qué personas, seres o situaciones crees que deberían recibir más apoyo y ayuda por parte del mundo?
- ¿Has sufrido alguna herida en el pasado que todavía te provoque dolor pero que a su vez pueda llevarte a aportar al mundo tu grano de arena?
- ¿Hasta qué punto esta herida te ha convertido en una persona más humana?
- ¿Hasta qué punto esta herida te ha acercado más a tu propia persona y a los demás?
- ¿Qué estás haciendo o qué podrías hacer para aliviar el dolor de una herida del pasado, ya sea ésta tuya o de otra persona?

El escritor Pat Conroy, mediante unas novelas muy autobiográficas, ha escrito acerca de su infancia: una época muy dolorosa debido, en gran parte, a los abusos verbales y físicos ejercidos por su padre. Cuando Conroy y sus hermanos ya fueron mayores y su padre se retiró del ejército, su madre abandonó a su marido y, salvo Pat, el resto de los hijos dejaron de hablarse con su padre. Conroy expresó su dolor a través de la escritura, algo que le sirvió para curar no sólo sus heridas, sino también las de muchos lectores. Hablando de ello al cabo de los años, Conroy contó que, ya en sus últimos años, su padre se había convertido en mejor persona. El autor sostenía que, en parte por lo que él había escrito, su padre se había sentido obligado a ser mejor padre y también mejor persona. Cuando murió, Conroy ya podía decir de todo corazón que quería mucho a esa persona a la que había odiado durante tanto tiempo. Se dejó llevar por sus heridas y esto lo condujo a un cambio positivo y a una curación, cuyo efecto también pudieron experimentar otras personas.

¿Las cosas que te duelen y te indignan te sirven para establecer contacto, en mayor o menor medida, con algo? ¿Te sirven para aportar algo y sentir más compasión hacia ti mismo y hacia los demás? Si la energía te empuja en este sentido, síguela e intenta ver en qué modo te devuelve a lo que es esencial e importante en tu vida y que al mismo tiempo puede beneficiar a los otros.

4

Lectura, escritura y rituales: tres herramientas para que superes traumas y crisis

Existen tres herramientas muy sencillas que pueden serte de gran ayuda para entender la crisis que estás atravesando, superarla cuanto antes y sentirte mejor. Estas herramientas son la lectura, la escritura y una serie de rituales. Puedes hacer uso de ellas simultáneamente o escoger las que más te gusten o consideres convenientes.

La lectura: encontrar el sentido o la aceptación mediante libros de autoayuda testimoniales y el arte

Como terapeuta, durante varios años observé dos aspectos relacionados con las crisis y la lectura. El primero de ellos es que casi todos los pacientes me traían libros que habían leído y les habían ayudado a comprender y enfrentarse a los problemas que sufrían. El segundo es que a algún paciente le consolaba y ayudaba leer o saber que había otras personas con problemas parecidos y, de este modo, aceptaba sus propias experiencias. Saber, a través de la lectura, que alguien había superado una crisis similar o peor lo tranquilizaba.

A pesar de que los libros escritos por profesionales, como es este caso, son una fuente de información y conocimientos, no suelen ser tan efectivos a la hora de transmitir esta sensación de experiencia compartida. Considero que los libros que podrían clasificarse bajo la etiqueta de «libros de autoayuda testimoniales» proporcionan una ayuda mucho mayor en este sentido. Esa clase de libros no son textos teóricos escritos por un terapeuta o especialista, sino que se trata de crónicas escritas desde el frente por personas que han estado en el infierno y han regresado. Sus autores han superado la crisis y han comenzado una nueva vida y, si no lo han logrado, por lo menos han tenido el valor de explicar las crisis o adversidades a las que han tenido que enfrentarse. Sus palabras avivan el fuego de sus infiernos particulares pero al mismo tiempo ponen de manifiesto hechos y aspectos universales.

LIBROS DE AUTOAYUDA TESTIMONIALES

Steffanie, mi mujer, ha leído muchísimos libros de estas características. Así que, en una ocasión, me dediqué a hojearlos con la intención de identificar los mejores títulos y los más útiles.

A modo de introducción a este género, el título más indicado sería *Survival Stories*, editado por Kathryn Rhett (Nueva York, Doubleday, 1997), una recopilación de veintidós extractos procedentes de recuerdos de crisis personales y de historias de superación escritos por algunos de los autores contemporáneos más destacados, como William Styron, Isabel Allende o Reynolds Price. Entre la gran variedad de temas de los fragmentos recopilados en *Survival Stories* se encuentran la pérdida de un hijo, el asesinato de un hermano, un trastorno obsesivo-compulsivo, una deformación facial, el síndrome de la fatiga crónica, la depresión, la pérdida de una carrera profesional, así como otros desafíos y tragedias. Pese a que los temas pueden parecer material de *talk show* y culebrones mediocres, cabe destacar que los escritores transmiten sus historias con una sinceridad tan convencida y resuelta que los sitúa lejos de cualquier drama narcisista y autocompasivo. Se trata, pues, de un buen libro para empezar a leer esta clase de obras, porque seguramente en sus páginas encontrarás cuestiones o escritores que parezcan estar dirigiéndose directamente a ti.

Las memorias de Reynolds Price, *A Whole New Life: An Illness and a Healing* (Nueva York, Plume 1982), serían otro ejemplo de libro bien escrito que sirve para que nos despertemos, pues invita al lector que está atravesando una crisis a que abra los ojos y consiga salir adelante. Price, que quedó paralítico tras sufrir un cáncer en la columna vertebral, afirma que «lo mejor que alguien hubiese podido hacer por mí, tras cinco semanas de radioterapia, hubiese sido mirarme a los ojos y decirme claramente: "Reynolds Price ha muerto. ¿Quién vas a ser ahora? ¿Quién puedes ser y cómo puedes conseguirlo a contrarreloj?"». Price, al contar su historia, aporta consejos muy sabios a aquellos que sufren un trauma, suavizándolos con ironía. Asimismo, expone de un modo conmovedor cómo saber llevar el dolor y pone de manifiesto la importancia de los amigos cuando nos encontramos en circunstancias adversas.

Lucy Grealy, cuyo rostro quedó seriamente desfigurado tras sufrir un cáncer infantil a los 9 años, durante mucho tiempo tuvo no sólo que someterse a múltiples operaciones de reconstrucción, sino también sufrir las miradas y las burlas crueles de la gente. En su *Autobiography of a Face* (Boston, Houghton Mifflin, 1994), cuenta detalladamente su lucha con su autoestima y con el deseo de ser aceptada por su personalidad y aspecto, en pugna con el deseo desesperado de ser perfecta. El abandono de este deseo por parte de Grealy representa un buen ejemplo para aquellos que, pese a no encontrarse ante un desafío de las mismas dimensiones, tampoco se aceptan como son.

Otro libro que analiza hasta qué punto las heridas pueden ayudarnos en la vida es *Daughter of Queen of Sheba* (Boston, Houghton Mifflin, 1997), de Jacki Lyden. El relato que hace Lyden de su extravagante madre, cuyo trastorno bipolar llegó a dominar y distorsionar la vida familiar y la infancia de la autora, así como la descripción de los abusos que la autora sufrió por parte de su padrastro están muy bien escritos y contados con un humor que no resulta en absoluto ni morboso ni vengativo. El libro refleja cómo la imaginación y las ansias de viajar de Lyden, que la llevaron a convertirse en periodista de la National Public Radio, fueron en parte fruto de su experiencia con las alucinaciones de las que su madre era víctima.

Anatole Broyard era crítico y ensayista para el *New York Times* cuando le diagnosticaron un cáncer. Ante esta nueva circunstancia, decidió aplicar sus habilidades literarias y experiencia como crítico al análisis de la enfermedad y la muerte. En pleno desarrollo de la enfermedad, escribe *Intoxicated by My Illness and Other Writings on Life and Death* (Nueva York, Fawcett Columbine, 1992) con la intención de reafirmarse y luchar contra la muerte. A lo largo del libro, Broyard hace hincapié en todo lo que se puede llegar a aprender de un acontecimiento adverso. El libro desprende una fuerza sumamente estimulante. Broyard murió en 1990, pero no sin dejar un mapa del edificante periplo que puede ser una enfermedad.

El actor Michael J. Fox escribió sus memorias, *Un hombre afortunado* (Madrid, Maeva, 2003), tras revelar que llevaba varios años sufriendo la enfermedad de Parkinson. En el libro, Fox explica su rechazo a las nuevas circunstancias, los problemas que tuvo con el alcohol y cómo, en un momento dado, ambas realidades actuaron de aviso. Estas crisis obligaron al actor a afrontar viejas pautas que ya no le funcionaban y a introducir importantes cambios en su vida. Fox llegó a crear una fundación dedicada a la investigación de tratamientos para combatir el Parkinson, lo que constituye un ejemplo de lo que significa dejarse llevar por la herida. El libro está tan bien escrito que creí que era obra de otra persona, hasta que lo terminé y vi que lo había escrito el propio Fox.

El libro *The Cliff Walk: A Memoir of a Job Lost and a Life Found* (Boston, Little, Brown, 1997), de Don J. Snyder, relata la historia de un hombre de mediana edad que pierde su puesto de profesor universitario y la lucha que éste emprende como consecuencia de dicha situación. En estas páginas el autor reconoce con toda la sinceridad la negligencia y el estrés que su familia sufrió por su parte. Esta sinceridad es precisamente la característica que salva lo que podría ser un libro lamentoso y autocomplaciente. La redención de Snyder a través del esfuerzo y de la valentía de enfrentarse a sus problemas, peculiaridades y orgullo con honestidad representa una verdadera fuente de inspiración. Al final, Snyder llega a lo que es importante y esencial en esta vida. Asimismo, la descripción que realiza de la fidelidad y paciencia que mostró su mujer puede ayudar a aquellos que convivan con alguien que esté atravesando una crisis.

Time on Fire: My Comedy of Terrors, de Evan Handler (Nueva York, Owl Books, 1997), relata con humor y dureza el periplo del actor a través de la leucemia y del tratamiento al que tuvo que someterse. Handler también hace hincapié en los desafíos a los que deben enfrentarse quienes conviven con la persona que atraviesa una crisis así como en la factura que este hecho les pasa. Ésta es una muy buena lectura introductoria si queremos aprender a ser abogados activos de nuestra propia persona ante un sistema sanitario concebido para hacer de nosotros seres pasivos y sumisos. El humor y la fuerza que contienen estas páginas son realmente conmovedores.

PELÍCULAS, POEMAS Y CANCIONES

Si dentro de lo que entendemos por lectura incluimos películas y canciones, hay toda una serie de obras también muy recomendables que nos ayudarán a superar las adversidades y salir adelante. He aquí la lista:

Joe contra el volcán. A pesar de que esta película, con Meg Ryan y Tom Hanks, no recibió buenas críticas, sigo pensando que se trata de una gran historia sobre la superación de adversidades. En ella, Tom Hanks interpreta a un oficinista gris cuyo trabajo, aparte de no llevarlo a ninguna parte, le consume el alma. Hanks se gasta casi todo su sueldo yendo a médicos para ver si éstos logran acabar con sus constantes males psicosomáticos. Su crisis estalla cuando le diagnostican una enfermedad terminal y, a partir de ahí, el espectador es testimonio del increíble camino que lleva al protagonista al despertar y a lo largo del cual conoce a tres mujeres —interpretadas siempre por Meg Ryan— con almas también enfermas. Dos de ellas se niegan a afrontar y superar sus crisis. Sin embargo, en un arrebato de fe, el último personaje que interpreta Meg Ryan sigue a Tom Hanks hacia la plenitud de una nueva vida. Ésta es una película que he visto en numerosas ocasiones y nunca me canso de ella.

American Beauty. Ésta es también una película que empieza con la historia de un hombre con el alma adormecida, cuyo matrimonio se encuentra en un callejón sin salida y cuyo trabajo no le aporta satisfacción alguna. La crisis a la que se enfrenta lo devuelve a la vida y, al mismo tiempo, causa efectos increíbles en su familia y vecinos.

Más allá de los sueños. Ésta es una atípica producción de Hollywood que llama la atención por ser terriblemente trágica. Puede decirse que todos los protagonistas mueren y que los accidentes están a la orden del día. Sin embargo, a pesar de lo que ocurre a lo largo de la película, el final transmite un profundo mensaje de conexión y será mucho lo que te dirá si has pasado o estás pasando por una crisis.

Algunos de los poemas de Rainer Maria Rilke tratan de la experiencia de atravesar una crisis y superarla. La madre del poeta había deseado el nacimiento de una hija y por ello educó a Rilke como si hubiese sido una niña. Si, por ejemplo, se encontraba mal por la noche y la llamaba, no le hacía caso a no ser que fingiese voz de niña. Asimismo, no era raro que la madre utilizase nombres femeninos para dirigirse a él y lo vistió de niña hasta que cumplió 9 años, cuando el padre de Rilke puso punto y final al comportamiento de su esposa.

En su adolescencia, Rilke ingresó en una academia militar para convertirse en soldado, pues así lo dictaba la tradición familiar. Este acontecimiento hizo que Rilke se viniese abajo. Enfermó física y emocionalmente hasta el punto de no poder volver a incorporarse a la academia. Finalmente terminó poniéndose en manos de un tutor personal y, como consecuencia de sus crisis, se convirtió en poeta. Rilke acogió positivamente el crecimiento que entrañaban estas situaciones negativas e incluso se llegó a preguntar por qué muchas personas no las saben apreciar.

Un poema interesante en este sentido es «The Journey», de Mary Oliver, poeta premiada con el Pulitzer. Trata de aquello a lo que debemos enfrentarnos cuando somos conscientes de que nuestra vida debe cambiar y de que ha llegado el momento de que emprendamos un viaje. Primero oiremos voces interiores y exteriores que querrán impedir que se produzca el cambio. Sin embargo, cuando nos demos cuenta de que es inevitable y que debemos emprenderlo, encontraremos nuestra propia voz y lugar en el mundo. Este poema se encuentra en *Dream Work* (Boston, Atlantic Monthly Press, 1986).

«Fascist Architecture» es una canción que compuso el cantautor canadiense Bruce Cockburn tras experimentar una crisis que lo convirtió en una persona mucho más afectuosa. Justo después de este altibajo, estuvo de gira por Italia, donde vio toda una serie de edificios de la época de Mussolini que estaban viniéndose abajo. Así pues, reflejó los cambios que había experimentado como persona mediante la metáfora de la arquitectura fascista, diciendo que había levantado esos edificios con el fin de defenderse. Esta canción pertenece al álbum *Humans*.

Otra canción es «End of the Day», escrita por la cantautora Lucy Kaplansky en colaboración con Richard Litvin. La canción trata del precio que terminamos pagando cuando no seguimos los dictados del corazón. Se trata de una historia que la misma Kaplansky había experimentado al aparcar durante un tiempo la inestabilidad de su carrera musical para dedicarse a la psicología. Tras darse cuenta del precio que estaba pagando a cambio de una estabilidad que no le procuraba satisfacción, volvió a dedicarse a la música. Este tema pertenece al álbum *Ten Year Night*.

La escritura como herramienta para superar las crisis

Existe una cantidad considerable de material sobre los efectos positivos de la escritura en traumas y crisis. Sin embargo, en estos casos la escritura debe ejercitarse de un modo específico si lo que se pretende es obtener el máximo beneficio.

Plasmar mediante la pluma tus pensamientos y sentimientos sobre algún trauma o alguna crisis simplemente durante un cuarto de hora diario a lo largo de cuatro o cinco días ha demostrado guardar relación con los siguientes aspectos:

- en el caso de los estudiantes universitarios, muchas menos visitas al médico;
- disminución del absentismo en el trabajo;
- en el caso de las pacientes de cáncer de mama, menos visitas al médico;
- incremento de las células T (funcionamiento del sistema inmunológico);
- los enzimas del hígado se mantienen más sanos gracias a la reducción del consumo de alcohol;
- en el caso de los enfermos de artrosis, disminución del dolor;
- en el caso de los enfermos de asma, mejora en el funcionamiento de los pulmones;
- en el caso de haber perdido el trabajo, mayor probabilidad y rapidez a la hora de encontrar un nuevo empleo;
- menores síntomas de depresión y ansiedad;
- mejora en las calificaciones académicas, y
- mejora en la salud física y mental en el caso de estudiantes universitarios, ancianos en residencias, enfermos de artrosis, estudiantes de medicina, víctimas de violaciones, mujeres que acaban de dar a luz y presos.

Esta información procede de los siguientes estudios: *Opening Up: The Healing Power of Expressing Emotions*, de James Pennebaker (Nueva York, Guilford, 1990) (trad. cast.: *El arte de confiar en los demás*, Madrid, Alianza, 1994) y *The Writing Cure: How Expressive Writing Promotes Health and Emotional Well-Being*, de Stephen J. Lepore y Joshua M. Smyth (comps.) (Washington, D.C., APA, 2002).

Cuando nos damos cuenta de que estamos a punto de entrar en una crisis o cuando ya estamos inmersos en ella, no nos resultará fácil ponernos a escribir; de hecho, se trata de una actividad que, en este tipo de circunstancias, resulta dolorosa para la mayoría de las personas. Sin embargo, se ha demostrado que a la larga se convierte en un verdadero remedio para aliviar las emociones dolorosas y hacer que quienes las sufren obtengan una perspectiva positiva y finalmente superen los traumas y las crisis.

PAUTAS PARA SUPERAR TRAUMAS Y CRISIS MEDIANTE LA ESCRITURA

1. Escribe sincera y abiertamente acerca de tus pensamientos y sentimientos más profundos relativos a la situación en la que te hallas o que estás atravesando. Asegúrate de que nadie va a leer lo que escribas para, de este modo, evitar autocensurarte inconscientemente así como que el efecto de la escritura se disipe. Contempla la idea de destruir lo que escribas una vez hayas finalizado, por la misma razón que acabo de mencionar. Si te conviene, quema o destruye lo que hayas escrito mediante un ritual (en el próximo apartado de este capítulo se profundiza más al respecto).
2. No pases demasiado tiempo escribiendo. Con un cuarto de hora o media hora ya hay más que suficiente. Este tipo de escritura suele ser agotadora y difícil desde el punto de vista emocional. Si estableces un límite de tiempo, la actividad te resultará más tolerable y te sentirás más dispuesto a ponerla en práctica.
3. Escribe sólo durante cuatro o cinco días. Puedes repartirlos a lo largo de varias semanas o escribir un día tras

otro. La experiencia demuestra que el límite temporal da muy buenos resultados. De todos modos, dicho límite no debe ser ninguna imposición, por lo que, si consideras que vas a necesitar más tiempo, siempre puedes tomártelo. Uno de los propósitos de hacerlo en pocos días es lograr que la experiencia quede contenida; es decir, que no se convierta en el principal objetivo de tu vida.

4. Procura buscar un lugar que sea íntimo y especial en el que nadie te pueda molestar y que a su vez no asocies a otras cosas ni cuyo olor, vistas o sonidos te sean ya familiares.

5. No tengas en cuenta la gramática ni pretendas redactar a la perfección. Limítate a escribir.

6. Procura escribir siempre a la misma hora. No es que se trate de una obligación, pero sí puede ser que este hecho, aunque tú no seas consciente, aporte una cierta estructura a tu mente así como un tiempo de preparación si se sabe exactamente cuándo se empezará a escribir. Asimismo, establecer una hora servirá para contener las emociones y para evitar la intromisión de pensamientos inoportunos que podrían interferir en la actividad.

7. La escritura parece ser la más efectiva de las herramientas. Sin embargo, si a ti no te funciona, siempre puedes plasmar tus pensamientos en una cinta o grabándote con una cámara de vídeo.

8. No tienes por qué adoptar una actitud positiva, pero si puedes, es aconsejable que también escribas sobre cosas buenas, especialmente si son fruto de la crisis, como por ejemplo si te sientes más unido a alguien o si haces más ejercicio.

9. No tengas en cuenta estas pautas si ves que hay métodos que te funcionan mejor: no hay dos personas iguales.

Practicar la escritura también sirve para tomar conciencia del lugar en el que te encuentras, tal como vimos en las págs. 46-52, escribiendo cartas. Debería ser una actividad privada, aunque siempre cabe la posibilidad de mostrar o enviar las cartas a otras personas, una vez leídas y repasadas debidamente.

El propósito de estas cartas es ayudarte a que cuentes, ya sea a ti mismo o a otras personas, algo que guardas en tus adentros y de lo que puede que ni siquiera seas consciente. Es conveniente que las primeras versiones de las cartas sean totalmente desinhibidas, por lo que no deberías aplicar censura alguna. De hecho, luego siempre tienes la opción de deshacerte de ellas, si así lo deseas.

Si, tras haberlas escrito, crees que ya no puedes hacer más, pon punto y final. No obstante, si ves que has escrito cosas que te iría bien compartir con alguien, dedica el tiempo que convenga a revisarlas antes de mostrarlas o enviarlas:

- *Cartas de reconocimiento*: son cartas pensadas para simplemente anotar o reconocer algo a lo que hasta el momento no se le ha dado la importancia debida, ya sea por tu parte o por la de los demás.

- *Cartas sinceras*: son cartas que permiten que nos sinceremos totalmente sobre algo que nos haya ocurrido o que hayamos hecho. En ellas te puedes permitir el lujo de decir cosas que no dirías en ningún otro lugar ni a nadie más. El objetivo es contar nuestra verdad, es decir, contar cómo entendemos y vemos las cosas.

- *Cartas para transmitir mensajes intransmisibles*: ¿existe algo que no hayas contado nunca a nadie o que alguien no sepa? Ésta es tu oportunidad.

- *Cartas para dejar algo atrás*: ¿existe algo a lo que te hayas aferrado o alguien a quien siempre te arrimes? Ésta es tu oportunidad para confesar que estás dispuesto a dejar algo atrás o que ya lo estás haciendo. Puede tratarse de un sentimiento, una herida del pasado que siga doliendo, un lugar, una persona, o una etapa de tu vida.

- *Cartas para retroceder*: ¿existe algo que hayas dejado atrás y que desearías recuperar —tu energía, tu libertad o alguna afición o pasión—? Utiliza esta carta para entender mejor qué es lo que debes recuperar y qué puedes hacer para lograrlo.

- *Cartas para asumir una responsabilidad*: ¿has hecho algo que no reconoces? ¿Estás culpando o haciendo que culpen a alguien por algo de lo que también tienes parte de responsabilidad? Con este tipo de carta, en la intimidad de tu propio corazón y del papel, tienes la oportunidad de reconocer lo que hiciste.

- *Cartas para que otras personas asuman la responsabilidad de un hecho*: ¿conoces a alguien que no asuma las responsabilidades de algo que te haya hecho o que haya hecho a otra persona? Con este tipo de cartas tienes la oportunidad de pedirles que asuman dicha responsabilidad.

- *Cartas de afecto y aprecio*: cuando vi y leí las historias de las personas que murieron el 11 de septiembre en las Torres Gemelas y en los aviones, me impresionó mucho saber que todo aquel que pudo llamó desde su teléfono a sus seres queridos para decirles que los quería. Escribir una carta de estas características es una oportunidad para transmitir lo que sientes antes de que esto pase a ser una emergencia o que ya sea demasiado tarde. Asimismo, si ésa es tu necesidad, siempre puedes dirigirte a alguien ya fallecido mediante una de estas cartas.

No tienes por qué revisar el primer borrador. Si al final decides enviar la carta o mostrarla a alguien, o si consideras que el contenido debe quedar algo más matizado, o debe ser más preciso o más justo, las siguientes pautas pueden ayudarte en este sentido y así lograr que la carta sea más efectiva. Si lo consideras conveniente, deja que alguien que no esté afectado por la situación lea la carta y que, a partir de estas pautas, te ofrezca sugerencias al respecto. Haz todos los borradores que convenga antes de dar o enviar la carta al destinatario. Asimismo, es aconsejable que no te precipites.

Pautas para revisar las cartas

1. Cerciórate de que tu carta refleja generosidad y credibilidad.
2. Ten cuidado con la obstinación, la intransigencia o con acusar a una persona.
3. Evalúa tu carta con una puntuación que vaya del 1 al 100 —siendo este último número la puntuación más alta— teniendo en cuenta la generosidad que refleja. En el caso de que la puntuación sea baja, introduce cambios positivos, ya sea revisando, omitiendo o añadiendo algún elemento con el objetivo de plasmar la generosidad necesaria.
4. Como en el caso anterior, utiliza una puntuación del 1 al 100 teniendo en cuenta la credibilidad que refleja y, a continuación, efectúa los cambios necesarios para conseguir la máxima credibilidad.
5. De nuevo, utilizando el mismo baremo, puntúa la carta teniendo en cuenta la sinceridad que refleja y, como en los casos anteriores, efectúa los cambios pertinentes con el fin de que aumente el nivel de sinceridad.

6. Esta táctica no está pensada para conseguir una puntuación concreta, sino para comprobar que se ha dicho la verdad, toda la verdad y nada más que la verdad. Si crees que ya te ha salido bien la primera vez, no hace falta que lo hagas de nuevo.

CARTA ESCRITA POR TU NUEVA PERSONA

Otra clase de escritura que aconsejo a las personas que estén atravesando una crisis es la redacción de cartas dirigidas a ellos mismos, como si fuesen una nueva persona que ya ha adquirido una cierta perspectiva y madurez tras haber pasado por la crisis y haberla superado. Así pues, este tipo de carta puede servir para salir de la actual perspectiva subjetiva y empezar a adquirir una perspectiva más objetiva de la situación, a vista de pájaro.

ESCRIBIR UNA CARTA COMO SI FUESES UNA NUEVA PERSONA

1. Imagínate que han transcurrido cinco años y escríbete una carta a ti mismo.
2. Describe el lugar en el que te encuentras, lo que haces, lo que te ha pasado hasta el momento actual, etc.
3. Cuéntate a ti mismo los aspectos cruciales de los que te diste cuenta o aquello que hiciste para llegar al momento actual.
4. Desde el futuro, date consejos a ti mismo y procura que éstos sean al mismo tiempo sensatos y sensibles.

Rituales para conectar, estabilizarse y saber llevar la transición

Por norma general, son dos los rituales que pueden ayudarte en épocas de crisis y, con alguna variación, ambos han sido puestos en práctica por todas las sociedades humanas desde tiempos inmemoriales. Para el propósito que nos ocupa, he dado un nombre a cada uno de estos rituales para así hacerlos más accesibles.

Ritual para lograr conexión y estabilidad

A la primera clase de rituales les he llamado «de conexión y estabilidad» y consisten en todo un conjunto de actividades que o bien te devuelven a ti mismo, a los demás o al mundo —es decir, te conectan—, o bien te proporcionan una sensación de estabilidad y seguridad en tu vida y tus relaciones. En épocas de crisis, estos aspectos pueden resultar clave a la hora de luchar contra la tempestad que provoca el cambio y la desconexión. Casi siempre se trata de actividades que se llevan a cabo con regularidad, diariamente, semanalmente, mensualmente, durante alguna temporada, etc.

Una crisis altera nuestras pautas y hábitos, así que este tipo de ritual puede ser útil sobre todo para volver a ser tú mismo o a conectar con tus seres queridos. Asimismo, te proporcionará cierta estabilidad en medio de una situación de caos y cambio.

Existe un estudio que demuestra que los niños que cada día cenan en la misma mesa y a la misma hora adquieren una estabilidad de la que carecen los niños en cuyas casas no existe este hábito. El hecho de comer en familia también puede entenderse como un rito de conexión y estabilidad. ¿Qué es lo que puedes hacer, solo o con gente, cada día o en más de una ocasión cada semana? ¿Puedes salir a dar un paseo, solo o acompañado, ya sea diariamente o con cierta frecuencia? ¿Tienes tiempo de escribir en un diario cada noche? ¿Puedes permitirte un masaje semanal para conectar de nuevo con tu cuerpo y reducir el estrés? ¿Tienes la oportunidad de leer a tus hijos cada noche antes de que se vayan a la cama, aunque tengas que hacerlo por vía telefónica o incluso si te encuentras en trámites de divorcio? En el caso del diario, se trata de un tipo de escritura distinta de la que hemos visto anteriormente, ya que ahora se trata de adquirir un hábito, mientras que escribir sobre un trauma es algo temporal.

Un ritual de conexión y estabilidad óptimo debería hacer que ambos fenómenos se dieran simultáneamente: debería aportar conexión y estabilidad.

Mary era una católica ferviente —o *febril*, tal como su madre, todavía practicante, la califica en broma—. Tras perder su trabajo en una gran empresa y ser boicoteada en el sector cuando su antiguo jefe, con ánimo de venganza, propagó falsos rumores sobre ella, un día Mary decidió levantarse y salir de casa a la misma hora que lo hacía para dirigirse al trabajo. Esta vez, en cambio, su meta era la preciosa catedral católica por delante de la que hasta entonces había pasado cada día de camino al trabajo. Durante un tiempo, dedicó media hora diaria a esta actividad. A veces se sentaba y meditaba. Otras, lloraba en silencio. Otras, hacía listas de lo que debía hacer para no olvidar que debía encontrar otro trabajo. También hacía listas de toda la fuerza que tenía y todo lo que poseía para combatir la depresión y la desesperación que estaba empezando a sentir. Tras estas visitas a la iglesia, solía quedar con un amigo para desayunar y, de este modo, combatir la soledad que también sentía.

1. Confecciona una lista de cosas que podrías hacer, y de hecho hacías con frecuencia. Puede tratarse de algo que solías hacer antes de la crisis o años atrás y que te gustaría hacer de nuevo.
2. Confecciona una lista en la que hagas constar de qué modos puedes conectar de nuevo contigo mismo y con los aspectos ignorados, así como de qué modo puedes reestablecer el contacto con los demás o con cualquier aspecto del que carezcas, como, por ejemplo, ir a la iglesia o hacer ejercicio.
3. Si logras combinar más de un aspecto de estas dos listas, comprométete a hacerlos con frecuencia durante un mes por lo menos. Si no es posible, comprométete a hacerlos uno por uno en el transcurso de dos semanas y luego sigue, si tienes tiempo y lo deseas. Después inténtalo con un aspecto de la otra lista durante otras dos semanas. Una vez lo hayas hecho, piensa si te ha ido bien o no. Si todavía no has podido comprobar cómo te ha ido, sigue probándolo y confeccionando listas hasta que des con lo que más te conviene.

Rituales de transición

El segundo tipo de ritual tiene que ver con llevar a cabo alguna ceremonia que te sirva para alejarte del pasado, de las pautas que ya no funcionan o de algún trauma. A este ritual lo denomino «de transición» y suele realizarse mediante alguna clase de ceremonia que ayude a dejar atrás el pasado o algún rol o identidad que hayamos asumido. La gente suele quemar cosas, echarlas a la basura, enterrarlas o romperlas para, de algún modo, convertir en más físico y real el proceso de dejar algo atrás y seguir adelante.

Don y Juanita se divorciaron cuando Don asumió su homosexualidad y entendió que no podía seguir más tiempo casado. Cuando esto ocurrió, Juanita se vino abajo y se pasó varios meses en la cama llorando, sin apenas comer, incapaz de relacionarse con los amigos y dejando que las facturas impagadas se amontonasen. Al cabo de un año, cuando Juanita ya estaba recuperada, se había reincorporado al trabajo y volvía a relacionarse con los amigos, seguía habiendo algo que todavía le pesaba. Así que convenció a Don para que celebrasen una ceremonia de divorcio que sería la otra cara de la moneda de la ceremonia de boda de hacía nueve años. Juanita se puso en contacto con el sacerdote que los había casado y acordaron celebrar la siguiente ceremonia: ella y Don llevarían a la iglesia los lazos que en su día ataron y los desharían mientras el sacerdote pronunciase unas palabras relacionadas con el fin de un matrimonio. Así lo hicieron y, cuando los lazos estuvieron deshechos, depositaron sendos añillos en una caja y los enterraron en el bosque, cerca del lugar donde habían pasado la luna de miel. Tras este acontecimiento, Juanita empezó a sentirse mucho mejor.

PENSAR EN UN RITUAL DE TRANSICIÓN

1. Piensa cuáles son los aspectos de tu identidad o aspectos pendientes que deberías resolver antes de seguir adelante.
2. Encuentra o crea un objeto físico que represente aquello que desearías dejar atrás. Incluso si consideras que no estás capacitado o que careces de dotes artísticas, siempre puedes hacer una pintura, un dibujo, una escultura o cual-

quier otro tipo de creación que represente lo que quieres lograr o dejar atrás. Asimismo, también puedes crear un nuevo objeto que represente el lugar donde querrías estar en el futuro o la nueva identidad que desearías adoptar.

3. Hay personas que van escribiendo una carta en la que, poco a poco, plasman todo aquello que desean dejar atrás. Una vez terminan de escribirla, la carta se convierte en el objeto físico con el que llevar a cabo el ritual.

4. Busca un buen lugar para llevar a cabo el ritual.

5. Piensa cuál es el momento más adecuado para llevarlo a cabo. Quizá te convenga hacerlo cuando tengas un momento libre, o quizás en una fecha o momento importante, como por ejemplo en el aniversario de algún acontecimiento.

6. Piensa si quieres llevar a cabo el ritual solo o con alguien más.

7. Organiza los detalles. Reúne todas aquellas cosas que vayas a necesitar. Si vas a estar con más personas, queda con ellas. No hagas el ritual hasta que no estés realmente preparado para abandonar lo que has pensado dejar atrás. Medita, reza, piensa o escribe acerca de ello hasta que veas que ha llegado el momento adecuado. Asimismo, decide si quieres despojarte de algo, destruirlo o simplemente dejarlo atrás.

8. Lleva a cabo el ritual.

Tengo una amiga que pasó por una época muy mala y además fue víctima de una decepción amorosa. En realidad no quería dejar atrás todo su pasado, pero, a su vez, de algún modo sí quería olvidar esos meses tan terribles. Lo que hizo fue arrancar todas las páginas del calendario a partir del día en que conoció al hombre que tanto la hizo sufrir y las cosió cuidadosamente como si encuadernase un libro. Luego las escondió. Mi amiga, de esta manera, tenía la sensación de no estar negando su pasado ni dejándolo atrás, pero al mismo tiempo un acto de estas características le aportaba una sensación de final. No se sentía bien quemando o echando a la basura esas páginas.

5

Cambia tu vida y mantén los cambios cuando todo vuelva a su cauce

> En el análisis final, la pregunta de por qué a las buenas personas les pasan cosas malas se desglosa en varias preguntas de distinta índole, las cuales ya no buscan saber por qué algo ha ocurrido, sino cómo vamos a reaccionar ante ello y cómo actuaremos una vez que haya ocurrido.
>
> RABINO HAROLD KUSHNER

Muchas personas cambian en el transcurso de una crisis o como resultado de ésta. No obstante, cuando vuelve la calma, esas personas recuperan sus antiguos hábitos. Es mucho el poder que puede llegar a ejercer la llamada de la comodidad, aun si ésta no nos complace del todo. Esto ocurre porque nos dejamos llevar por lo conocido y nos sabemos de memoria el camino.

Ross perdió mucho peso, por lo que sus familiares y amigos empezaron a preocuparse seriamente. Tenía un aspecto terrible y todos lo comentaban a sus espaldas. Ross decía que tal pérdida de peso se debía a la gripe que había tenido meses atrás. Al final, él mismo se asustó cuando empezó a encontrarse mal y tuvo que ir corriendo al médico. A Ross le diagnosticaron diabetes, así que dejó el alcohol —hasta ese momento había bebido mucho— y empezó a comer alimentos saludables y a hacer ejercicio. Sin embargo, al cabo de unos meses, cuando ya comenzaba a sentirse mejor, pensó que no pasaría nada si bebía un traguito. Ross siguió con la dieta y el ejercicio pero, al volver a beber, se le disparó el nivel de azúcar y se desestabilizó. Pese a ello, Ross seguía pensando que los traguitos no eran perjudiciales y que los compensaba con el ejercicio y la alimentación saludable.

Con esta actitud, Ross se estaba dirigiendo de cabeza hacia una crisis importante. Si bien había puesto en práctica los cambios pertinentes, falló a la hora de mantenerlos tras superar la primera crisis. Algunos de los cambios que llevamos a cabo durante una crisis solamente están relacionados con la crisis en sí; otros, en cambio, deben mantenerse después de la crisis. Así pues, es importante que tales cambios se vayan manteniendo para no recuperar antiguas pautas con las que nos arriesgamos a caer de nuevo en el problema que en su momento nos sumió en la crisis.

Grandes cambios *versus* pequeños cambios: cuesta menos mantener los pequeños cambios

Parece ser que las personas podemos cambiar de dos maneras. A veces sufrimos crisis que nos empujan a cambiar drásticamente, como ya he ido detallando a lo largo del libro. La otra manera de cambiar es haciéndolo paulatinamente, a través de cambios más fáciles que pueden conducir a cambios más sustanciales y llevaderos. Estamos, pues, hablando de cambios similares a los primeros pasos de un bebé, que al final terminarán convirtiéndose en cambios definitivos.

Los cambios más pequeños pueden servir para seguir cambiando —como ha quedado claro en los capítulos anteriores—, así como para, mediante los debidos ajustes, prevenir crisis innecesarias, como en el caso de los pequeños movimientos de las placas tectónicas que muy a menudo anuncian la posibilidad de un gran terremoto.

Con cada comienzo de año, cuando hacemos nuestros propósitos, éstos suelen ser drásticos —«En menos de un año voy a pesar veinte kilos menos»—. Aunque es cierto que los compromisos tomados con decisión son positivos siempre que tengamos un plan y lo sigamos, casi todo el mundo termina no consiguiendo sus propósitos. Así pues, te costará menos cambiar cuanto más sencillos sean los cambios propuestos. Quizá te iría bien realizar un paseo semanal de media hora durante el primer mes y, si te fuese bien, aumentar el tiempo y hacerlo más a menudo.

Teniendo en cuenta que suele ser más fácil cambiar las costumbres propias, procura analizar todo lo que haces, ya sea a solas o con más gente, y date cuenta de los aspectos que se reiteran en tu comportamiento. Al enjabonarte mientras te duchas o te bañas, ¿tiendes a empezar por misma parte del cuerpo? ¿Sueles levantarte de la cama por el mismo lado? ¿Comes siempre con la mano derecha? ¿Tomas siempre el mismo camino para dirigirte al trabajo?

Se trata, pues, de ejercer de antropólogo o sociólogo y estudiar tus hábitos y costumbres, para luego alterar ligeramente las pautas y ver cuáles son los cambios que se obtienen como resultado. Suele decirse que la única diferencia entre un surco y una tumba son las dimensiones. ¿En qué punto te has estancado?

Seguir unas pautas no es malo. No obstante, si estás empezando a anquilosarte y ves que debes introducir algún cambio, mi consejo es que alteres cualquier pauta por la que te hayas guiado. No cabe duda de que las pautas más relevantes son las que tienen que ver con el aspecto que deseas cambiar. Sin embargo, también puedes llevar a cabo cambios esporádicos que te sirvan para alejarte de tus hábitos diarios así como para darte cuenta de los aspectos en los que debes introducir algo nuevo.

Si en situaciones de estrés tiendes a comer más de la cuenta, procura comer los alimentos saludables con la mano derecha y, con la izquierda, los que pueden ser perjudiciales. O, como hizo un paciente que tuve, ponte a comer desnudo ante un espejo de cuerpo entero. Si con tu cónyuge soléis pelearos en la cocina, id al coche y continuad allí la discusión.

La introducción de pequeños cambios en las pautas existentes cuesta menos que abandonar esas pautas de golpe. Los siguientes ejemplos son muestra de ello:

- *Cambios de comportamiento corporal*: procura utilizar la mano izquierda más que la derecha; por las mañanas, levántate de la cama por el lado que no sueles hacerlo; en la ducha, primero lávate el pelo y luego los pies; camina al revés si llegas a casa de noche; en una charla animada, gesticula solamente con una mano.
- *Cambios espaciales*: cuando vayas a sentarte en la mesa, escoge un sitio en el que no suelas sentarte; si puedes, come en un lugar de la casa que no sea la salita de estar; dirígete al trabajo por un camino distinto; cuando tu pareja y tú discutáis, hacedlo dándoos la espalda; si te resulta posible, haz en una cafetería o en un parque todo lo que sueles hacer en casa.
- *Cambios de modalidades*: desplázate a pie o en transporte público en vez ir en coche; no expreses tu opinión verbalmente: escríbela; si tu hijo llega tarde a casa, grábate en una cinta para explicarle cuáles van a ser las consecuencias y luego déjala al lado de la puerta para que la escuche cuando llegue a casa; llama a tu cónyuge por teléfono si sientes que te ignora, aun si ambos os encontráis en casa.
- *Cambios en la distribución del día*: procura hacer en media hora aquello que sueles hacer en cinco minutos, y viceversa. Lo que sueles hacer en un momento preciso del

día, hazlo en otro momento totalmente distinto; si sueles empezar el día temprano, procura hacerlo un poquito más tarde, y viceversa.

MIENTRAS TE ENCUENTRES SUMIDO EN UNA CRISIS, ESCRÍBETE UNA CARTA A TI MISMO HASTA QUE LAS COSAS VUELVAN A SU CAUCE

Cuando sufrí una depresión de joven, inesperadamente logré salir de ella durante unos días. Desde esa posición más lúcida pensé que me ayudaría escribirme una carta a mí mismo y dirigirla a mi propio ser sumido en la depresión. Fui diciéndome que la vida valía la pena y que quizá mis ideas negativas eran consecuencia de la depresión. Anoté todos estos pensamientos en una libreta que llevaba siempre encima y luego, cuando más desesperado me sentía, me los leía.

Así pues, un modo de hacer que la situación cambie es escribiéndose una carta a uno mismo. En plena crisis, este método te servirá para ver más claramente los hábitos que deben cambiarse. Asimismo, verás mejor lo que la vida u otras personas pueden llegar a hacer para evitar que lleves a cabo esos cambios y te mantengas aferrado a tus pautas de siempre.

TEN EN CUENTA LOS INDICIOS QUE YA AFLORARON EN CRISIS ANTERIORES

Cuando mires hacia atrás, quizá te des cuenta de que ya habías recibido algún indicio de crisis amenazante o alguna señal que te decía que te estabas alejando de tu camino. Quizá tenías tanto trabajo que no podías dedicar ni un minuto al ejer-

123

cicio físico ni tampoco a tus seres queridos. Quizás empezaste a enfadarte o a quejarte sin sentido, cuando en realidad jamás te habías comportado así. Quizá te volviste desconfiado y llegaste a ocultar a tu pareja o a todo el mundo algo que estabas haciendo. Quizás empezaste a beber con exceso. Quizás empezaste a sentirte bajo de ánimos. Quizá tuviste síntomas físicos, como escozor en los ojos o ataques de ansiedad, que te sirvieron de pista.

Bob tendía a trabajar demasiado. Sentía pasión por su trabajo; sin embargo, tan pronto como dejaba que éste eclipsase a su pareja del momento, la chica lo dejaba. El ritmo de trabajo de Bob, que tenía negocio propio, era normal cuando empezaba a salir con alguien. De hecho, siempre empezaba entregándose mucho a su pareja; pero a medida que pasaba el tiempo, volvía a dedicarse cada vez más al trabajo y las quejas de su pareja iban incrementándose.

A causa de este comportamiento perdió a la mujer que había tenido por el verdadero amor de su vida; así que, consciente de su culpa, Bob decidió cambiar. Lo primero que hizo fue elaborar una lista de posibles indicios de que estaba de nuevo volviendo a sus pautas originales tras pensar detenidamente cómo solía suceder. La lista de Bob decía lo siguiente:

1. Esta semana, me he quedado más de tres días en el despacho hasta pasadas las nueve de la noche.
2. Al llegar a casa, me he dirigido corriendo al despacho para comprobar si había recibido más correos electrónicos.
3. He dejado a mi pareja en plena conversación para atender unos asuntos del trabajo —llamadas, leer el correo, enviar un fax, comprobar el correo electrónico, etc.
4. He sacado el tema del trabajo cuando mi pareja parecía preocupada por otro asunto.

A Bob se le ocurrió que, si empezaba una nueva relación, sería buena idea entregarle esta lista a la persona en cuestión para que viese cuáles eran sus viejas costumbres. De este modo, ella podría ayudarle a cortar el problema de raíz.

Si ves que estás a punto de tener problemas o que te estás alejando de ti mismo, haz una lista de cualquier indicio de ello y mantenla en un lugar que veas a menudo o que vayas a encontrar fácilmente.

Pese a que existen crisis de cuya aparición tú no tienes culpa alguna, si dejas que las cosas crezcan o vayan a la deriva hasta el punto en que tú sí pasas a ser cómplice del empeoramiento de la situación, hazte una lista de aquello que, en retrospectiva, identifiques como indicios de que estabas dirigiéndote hacia un problema.

Indicios de crisis inminentes o de estar a punto de caer en antiguos hábitos y pautas

1. _____
2. _____
3. _____
4. _____

Si tú no fuiste el artífice de la crisis que has experimentado, vista desde ahora puede incluso que te haya servido para entender mejor tu vida. ¿Recuerdas algo que te estuviese indicando que te alejabas de tu integridad, autenticidad o de la vida que en realidad anhelabas? Quizá, como resultado de la crisis, analizaste seriamente tu conciencia e hiciste los ajustes pertinentes. Si formas parte de esta categoría, puedes confeccionarte una lista parecida.

Indicios de estar dejando atrás tu autenticidad, integridad o propio ser

1. _____
2. _____
3. _____
4. _____

PIDE A TUS AMIGOS QUE TE RECUERDEN QUIÉN ERES Y TE AYUDEN A MANTENERTE EN TU LUGAR

Quizá tengas amigos que prefieran que seas una persona convencional. Otros quizá vean el precio que has tenido que pagar al aceptar las cosas tal como eran. Procura darte cuenta de quiénes son los amigos capaces de recordarte quién eres y no dejar que vuelvas a tus antiguas costumbres.

Cuéntales que estás intentando cambiar. Hazles partícipes del cambio que temes no ser capaz de mantener y pídeles que te hagan comentarios o que comprueben en qué estadio te encuentras.

CUENTA CUÁLES SON LOS COMPROMISOS QUE VAS A ADOPTAR PARA MANTENERTE EN TU LUGAR

Arlen era consciente de su adicción al trabajo. Él y su mujer, Jan, llegaron a salir en un artículo sobre mujeres casadas con adictos al trabajo. Tras la aparición del artículo, Arlen logró controlar su adicción durante unas semanas, pero al cabo de poco tiempo volvió a la rutina de trabajar hasta tarde y durante los fines de semana.

De joven, Arlen había trabajado como profesor de equitación y con el tiempo decidió tener su propios establos y su escuela de equitación en los terrenos de una granja que había comprado cinco años atrás. Había convencido a Jan de que esta actividad les permitiría pasar más tiempo juntos y con sus dos hijos, pero todo había seguido igual. Al tener el negocio al lado de casa, Arlen se quedaba trabajando todo el día e incluso durante la noche si por cualquier razón no conseguía conciliar el sueño.

Jan había desistido en el intento de cambiar a su marido y había aprendido a contentarse con sus hijos y con los amigos que tenía. El matrimonio discutía poco y no surgían demasiados conflictos entre ellos. Pese a no estar muy unidos, ninguno de los dos se sentía desesperadamente infeliz con la relación.

Un día, Rose, una veterinaria que tenía su caballo en los establos de Arlen y que aprendía equitación con él, le contó que acababa de heredar una gran cantidad de dinero y que iba a dejar de ejercer su profesión. Le apetecía trabajar con caballos, un animal que adoraba, y se preguntaba si él le dejaría trabajar en los establos a tiempo parcial. Arlen, encantadísimo con la idea, estuvo de acuerdo al instante. Tras un tiempo trabajando juntos, nació una gran amistad entre Arlen y Rose y Jan empezó a sentir celos, sobre todo cuando una noche oyó a Arlen hablar por teléfono con Rose riéndose y contándole cosas íntimas de las que hacía años que no hablaba con ella. Al final Jan terminó interviniendo y le dijo que si Rose no se marchaba, se iría ella. Arlen, muy a su pesar, le explicó su dilema a Rose y le dijo que, para él, su familia era lo más importante del mundo. Rose lo entendió y se marchó.

Una semana después de la marcha de Rose, mientras Arlen, Jan y los niños cenaban, Arlen rompió a llorar. Jan y los niños estaban atónitos, ya que jamás lo habían visto así. Arlen se levantó de la mesa y se dirigió a su habitación. Jan corrió tras él y le preguntó qué le ocurría, pero, con un gesto, Arlen le pidió que se fuese. Jan siguió en la habitación y Arlen se dirigió al baño y se encerró en él. Jan lo oía sollozar y le pedía que la dejase entrar, pero él no respondía.

Finalmente Jan volvió a la mesa y pidió a los niños que terminasen la cena; les dijo que papá no estaba bien y que debían dejarlo solo un tiempo.

Cuando, al cabo de una hora, tras agotar el llanto, Arlen salió del baño, se dio cuenta de que su mujer y los niños se habían ido. Después de estar un rato esperando, se dijo que el episodio no había sido sino algo casual y se dirigió al despacho que tenía en los establos a trabajar un poco.

Hacia las 10 de la noche vio las luces de un coche y salió del despacho. Se trataba de una pareja que guardaba los caballos en los establos y con la que él y Jan habían salido en alguna ocasión. Se sorprendió mucho al verlos y éstos le contaron que Jan los había llamado por teléfono para pedirles que fuesen a los establos y le contasen que lo había dejado, que le abandonaba: ya encontraría otra casa y, tan pronto estuviese instalada, se organizaría para que los niños le visitasen y pasasen temporadas con él. Arlen se quedó de piedra.

A lo largo de las siguientes semanas, Jan y Arlen se organizaron para que ambos pudiesen mantener la custodia de los niños. Jan dejó muy claro que el matrimonio había terminado y le confesó que, estando sentada en la mesa de la cena, había llegado a temer que Arlen saliese del baño y los matase a todos, pese a que nunca se había mostrado ni amenazador ni violento. Se trataba, pues, de un miedo irracional. También entonces se dio cuenta de que ya no quería a Arlen. El incidente de aquella noche fue la gota que colmó el vaso.

Arlen, tras hacer de todo para que Jan regresase a su lado sin que ella le hiciera el menor caso, se convirtió en lector compulsivo de libros de autoayuda y se propuso cambiar con la esperanza de recuperar a Jan. También fue consciente de que, si no lo lograba, no cabía duda de que la había perdido por su culpa, por haberse dedicado siempre demasiado al trabajo con la excusa de que lo hacía por los suyos. Ahora entendía que el trabajo no había sido sino una necesidad suya y que su matrimonio y su familia habían terminado pagando el precio de esta obsesión.

El cambio más drástico por parte de Arlen fue contratar a un gestor que trabajase por las tardes así como a un contable para los establos y la escuela de equitación. Empezó a salir del trabajo a las cinco en punto cada tarde para no volver hasta las nueve de la mañana del día siguiente.

Al principio Jan estaba convencida de que un cambio así no iba a ser duradero. Sin embargo, al cabo de medio año Arlen demostró estar tomándoselo muy en serio. Cada domingo iban juntos a la iglesia con los niños, así que un día Jan le propuso ir juntos a almorzar y que los niños se quedasen un rato más en la iglesia. Esta propuesta se convirtió en una costumbre y, transcurrido un tiempo, Jan volvió a casa. Empezaron a dormir en la misma habitación de nuevo y, con el tiempo, empezaron un nuevo matrimonio.

¿Qué hizo que Arlen se mantuviese fiel a los cambios que él mismo se impuso? Había contado cuáles eran sus intenciones a las personas que había contratado y a Jan. Así que se organizó de un modo que le permitiese mantenerse fiel a sus propósitos de reducir el ritmo de trabajo.

Oportunidades perdidas para cambios duraderos

Katherine estaba casada y hacía poco que había sido mamá de una niña. Cuando, por cuestiones de trabajo, empezó a desplazarse con frecuencia a Nueva Orleans, se enamoró de un socio de la empresa que residía en esa ciudad. En esa época, Katherine reconoció que, si en realidad había decidido tener un bebé, lo había hecho por su marido, Luke: hacía ya años que la relación no acababa de funcionar y pensó que quizá la situación mejoraría si complacía el deseo de su marido de tener un hijo.

Al final Katherine terminó confesándole a Luke que estaba enamorada de otro hombre y, pese al disgusto, Luke lo aceptó resignadamente. Así que entre ambos se organizaron para educar a la niña y vivir separados.

Sin embargo, ni la familia ni los amigos se mostraron de acuerdo con esta decisión y empezaron a coaccionar a Katherine para que se quedase. Una y otra vez le repitieron que estaba loca, que el matrimonio no iba tan mal y que romperlo ahora que tenían una hija era una locura y una irresponsabilidad. Katherine se mantuvo firme durante un tiempo pero al cabo de unas semanas se resignó y volvió con Luke.

A pesar de ello, no lograron intimar tras la reconciliación. Si bien era cierto que dormían en la misma cama, se distribuían las tareas domésticas y la educación de la niña, no volvieron a mantener relaciones sexuales, ni siquiera volvieron a acariciarse. Asimismo, lo que le había pasado a Katherine y el proceso de separación que estuvieron a punto de emprender se convirtieron en temas tabú.

Al cabo de unos años, Katherine conoció a un hombre, James, al que su empresa había contratado como trabajador temporal. Katherine y James empezaron una relación sexual y de amistad. Ella se sentía mucho más cerca de James de lo que jamás lo había estado de su marido y a su vez ambos eran mucho más compatibles. La relación entre Katherine y Luke había sido muy apasionada al comienzo, pero mucho antes de la llegada del bebé Luke había empezado a adoptar una actitud muy pasiva y poco apasionada. Ante ello, Katherine decidió que, para mantener viva su alma, seguiría tanto su relación con James como su matrimonio con Luke. Ésta era una situación que, de algún modo, hacía que se sintiese mal y en alguna ocasión le daba la sensación de que Luke estaba al corriente de todo. Pese a ello, nadie supo nada durante varios años.

James se contentaba con el papel de amante. Katherine le había dicho que para ella era muy importante la estabilidad de su familia y que lo que había entre ellos no podía pasar de una relación extramatrimonial. Esto era algo que a James le dolía y, cada vez que Katherine se lo recordaba, él le preguntaba por qué. En una ocasión ella admitió que tenía el listón muy alto y que él no era ni demasiado inteligente ni cultivado y tampoco es que hubiese tenido mucho éxito en la vida. Estos matices limitaban, claro está, la relación entre ambos.

Un día, la crisis irrumpió en la vida familiar de Katherine. Su hija, que ya tenía 7 años, murió en un accidente automovilístico. Después del suceso, Katherine estuvo varios meses sin ver a James, pero durante ese tiempo vio que realmente estaba enamorada de él. Se dio cuenta de que, de hecho, su vida se había estancado al regresar con Luke, y que ya no estaba dispuesta a seguir viviendo una vida tan desapasionada sólo por el deber. Decidió marcharse y se lo comunicó a Luke, quien de nuevo sufrió una enorme decepción, pero también esta vez aceptó resignadamente la decisión de su mujer.

Cuando Katherine fue a casa de James a decirle que acababa de separarse de su marido y que quería que se fuera a vivir con ella a la casa que se había comprado, la actitud de James hacia ella cambió inmediatamente y, con rabia, le respondió: «Creía que yo no era lo bastante bueno para ti». Katherine le pidió disculpas, le dijo que sabía que se había equivocado y que sentía haberle hecho daño. A pesar de ello, James empezó a distanciarse de Katherine tras este episodio. Al cabo de poco tiempo conoció a otra mujer, también casada y comprometida con su familia. Katherine se pasó meses intentando recuperarlo, pero fue en vano, y al final terminó rindiéndose. Acababa de cobrar una herencia, con la que podía vivir si lo hacía modestamente. Dejó el trabajo y se recluyó en casa, de donde apenas salía. Poco a poco fue adoptando una actitud de resentimiento hacia la vida y dejó de lado a sus amistades. Nunca llegó a divorciarse de Luke, porque ninguno de los dos hizo nada para emprender una acción legal.

¿Qué fue lo que le ocurrió a Katherine y por qué las crisis que sufrió no la ayudaron a crecer y a mejorar como hemos estado viendo en las páginas precedentes? Ante todo, volvió con su marido no con un sentido de compromiso e intenciones de renovar una relación que se encontraba en un callejón sin salida, sino con resignación y sentido del deber. Si atraviesas una crisis, no es que tengas que romper con tu pareja para mejorar, pero lo que sí es cierto es que si hacemos lo mismo que Katherine, lo más seguro es que tarde o temprano seamos víctimas de una crisis aún mayor y que sea entonces cuando nos veamos obligados a resolver algún aspecto pendiente.

Luego Katherine hizo que su pasión despertase siendo infiel a su marido, pero, cuando esto dejó de dar resultados, se rindió. Había depositado sus esperanzas de mejora en manos de otra persona, alguien que obviamente ya tenía sus propios problemas. Al final Katherine terminó claudicando y ahora se encuentra sumida en una situación de estrés postraumático en vez de en una situación de mejora.

Jack tenía un problema sexual. En uno de sus trabajos lo pillaron con las manos en la masa cuando en realidad tenía que haber ido a entregar a un cliente las muestras de un producto. Su jefe lo vio entrar en un hotel de carretera y, cuando más tarde le preguntó por la visita al cliente, Jack le mintió. El jefe no dudó en despedirlo ipso facto. Al cabo de un par de años, Jack se dirigía de cabeza hacia una crisis: utilizó la tarjeta de crédito de la empresa que acababa de contratarlo para pagar las llamadas que hacía a las líneas calientes, con la convicción de que la comisión que iba a cobrar ese mes sería lo suficientemente sustanciosa como para cubrir los gastos y reembolsar la cantidad antes de que alguien se diese cuenta. Sin embargo, la comisión fue inferior y no pudo pagar la factura. La empresa no sólo lo despidió, sino que lo denunció por fraude. Su mujer

---

Cómo se bloquea un cambio o se recuperan viejas pautas y costumbres

- Decirte a ti mismo que no tienes tiempo para cambiar o que no es el momento adecuado y que ya lo harás en un futuro.
- Convencerte de que cambiar cuesta demasiado o que es imposible y doloroso.
- Creerte que, si cambias, vas a echarlo todo por la borda o hacer demasiado daño a alguien.
- Convencerte de que, de hecho, no tiene importancia y que, a decir verdad, cambiar no era tu deseo.
- Convencerte de que te sientes mejor y más a gusto con las viejas pautas.
- Adoptar una actitud teniendo en cuenta las cosas a corto plazo en vez de a largo plazo.
- No prestar atención a las señales que te avisan de una próxima caída.
- Rendirte.

se enteró de ello por la prensa, del mismo modo que se enteraron los vecinos y la gente que iba a la misma iglesia que él. Jack, pues, no supo aprovechar la oportunidad de cambio que le brindó la primera crisis.

Cambiar como respuesta a una crisis

Si el cambio es transitorio o sencillamente una reacción a la crisis, lo más seguro es que no deje ningún efecto duradero en tu vida. Sin embargo, si tienes que introducir un cambio permanente —por muy pequeño que sea—, deberás ir con cuidado y pedir el apoyo que sea necesario para seguir por la senda adecuada.

¿Qué hacer para mantener los cambios?

- Irte recordando el precio que pagas o vas a pagar por no cambiar o mantener los cambios.
- Reclutar a amigos o a gente que vayan a apoyar tu cambio, recordarte las cosas y no dejar que te salgas del camino.
- Hacer que el cambio tenga relación con consecuencias y actividades positivas —yo, por ejemplo, tengo la costumbre de escuchar los programas que más me gustan mientras paseo.
- Ignorar lo que puedas sentir o preferir en un momento dado y centrarte en tu compromiso por cambiar a través de nuevas costumbres y acciones.
- Empezar a pensar a largo plazo en vez de a corto plazo.
- Arriesgarte: recuerda que si te das de morros, por lo menos sabes que avanzas por el buen camino.

6

¿Cuál es tu crisis?

◀

Hay unas crisis que, tarde o temprano, atraviesa casi todo el mundo. Asimismo, existen varios modos de enfrentarse a algunos de los aspectos que aparecen con estas crisis. También hay las típicas trampas en las que caemos y que tienen que ver con algunos de los factores más importantes de nuestras vidas, como por ejemplo el dinero, nuestra relación con los demás, la salud y el trabajo. Analizar estas trampas detenidamente a través de la ventana de una crisis puede ayudarnos a prevenir crisis posteriores.

Teniendo en cuenta que no todas las situaciones son iguales, voy a presentar una serie de ideas y estrategias que invitan a la reflexión. Asimismo, debe quedar claro que en ningún caso se trata de planes ni de recetas. Puede que algunas de estas cuestiones no tengan relevancia o no sean pertinentes en tu situación. Lo que en realidad pretendo es que lo que leas te aporte ideas o soluciones, y que asimismo te sirva para que tomes conciencia de las cuestiones que te afectan particularmente o del modo de vida que más te conviene.

Crisis matrimoniales y de relaciones sentimentales

Marie estaba casada con Richard, quien tenía una consulta de quiropráctica que, pese a contar con muchos pacientes, no acababa de prosperar. A Richard le costaba mucho encontrar personal de recepción eficiente y de confianza y esto le salía caro. Así que, ante las constantes quejas de Richard y preocupada por la situación financiera de la familia, Marie decidió que, tan pronto su hijo empezase a ir al colegio, se pondría a trabajar en la consulta. Hasta entonces había querido dedicarse a la orfebrería, un pasatiempo que había practicado durante muchos años. Sin embargo, pensó que sería mejor aparcar esta idea y ayudar a Richard a estabilizar la economía familiar mediante la consolidación de la consulta. Pero a los tres años de estar gestionándola, Marie supo que Richard le había estado siendo infiel. Entonces vio hasta qué punto le habían tomado el pelo y se sintió estúpida por haber dejado su vida aparcada sólo por él. Quiso divorciarse y abandonar el trabajo de la consulta. Sin embargo, levantar un negocio de orfebrería requería mucho tiempo. Marie se sentía muy dolida y se pasó los siguientes años estancada en el resentimiento: dejó de lado sus aspiraciones y le hizo la vida imposible a Richard desde el punto de vista legal.

Esta crisis era de esperar: Marie había sacrificado algo muy importante en su vida por su relación. Si depositas todas y cada una de tus esperanzas de felicidad en una relación y ésta termina no funcionando, tú mismo te abres camino hacia una crisis.

Las cuestiones que expongo a continuación son algunos de los aspectos de una relación que pueden surgir a partir de una crisis.

Persona equivocada

A veces nos hemos visto inmersos en una relación equivocada. Puede que no seamos la persona sexualmente más acertada para nuestra pareja —en el caso de que uno necesite mucho sexo, mientras que el otro se muestre desinteresado en este sentido o lo necesite en menor medida—. Puede que tampoco formemos una pareja adecuada desde el punto de vista de la conversación —igual uno desea hablar y discutir detalles de situaciones concretas y al otro esto le disgusta o le aburre—. Puede que simplemente no se dé la química necesaria para una relación a largo plazo. En una ocasión escribí junto con otro autor un libro titulado *Amor es amar cada día: cómo mejorar tu relación de pareja tomando decisiones positivas,** cuya principal filosofía es que el amor es fruto de una serie de acciones y que es justamente gracias a estas acciones por lo que se mantiene. El sentimiento fluye a partir de la acción, y no al contrario. Y esto es algo que, en este caso, es cierto. Sin duda alguna, son muchas las parejas que abandonan la relación tan pronto se desvanecen los sentimientos porque están convencidos de que ya no hay solución alguna. A menudo, cambiar las pautas y las acciones nos puede devolver el sentimiento amoroso o incluso generarlo. Pero el verbo *amar* está estrechamente vinculado al sustantivo *amor*, por lo que, si no hay química, no habrá acción en este mundo que sirva para crear este sentimiento o hacer que lo recuperemos.

Andrew estaba casado con una mujer que se había empeñado en que toda celebración tenía que ser muy especial. Cuando hacía los preparativos, pensaba en cada minuto, para que todo saliese perfecto. Para que estuviese contenta, Andrew le

* Barcelona, Paidós, 1997.

seguía la corriente, pero a veces esto le representaba un verdadero esfuerzo. Andrew era joyero y precisamente cuando más trabajo tenía era durante las semanas previas al día de Acción de Gracias y Navidad, así que lo que más le apetecía el día de Navidad era ponerse en la cama, dormir y estar unos días sin ver a nadie. Pero claro está que no le quedaba más remedio que estar presente en las celebraciones y actividades navideñas.

Para colmo, vivían en un pequeño pueblo venido a menos que no les garantizaba prosperar en la vida. De hecho, se puede decir que se las apañaban. Los ingresos de Andrew procedían de objetos pequeños y baratos y el salón de danza de su mujer tampoco les aportaba mucho dinero. Andrew tenía a algunas personas a su cargo pero no se sentía cómodo con el papel de jefe ni con el trato con sus subordinados. Si por él hubiese sido, se hubiesen marchado a vivir a otro lugar, pero su mujer le quitó la idea de la cabeza, porque ella tomaba clases de baile flamenco con una profesora ya mayor a quien no le quedaban demasiados años de vida. Cuando ésta falleció, la mujer de Andrew volvió a insistir en que se quedaran y Andrew se mostró conforme de nuevo a fin de evitar conflictos. Recurrieron a un asesor matrimonial pero ella terminó diciendo que era un cretino cuando éste le sugirió que adoptase una actitud más flexible por lo que se refería a las celebraciones o a la cuestión de mudarse. Al final dejaron de ir.

Cuando llegó San Valentín, otra época de mucho trabajo para Andrew, ella planificó el día minuto a minuto. Por la mañana irían a la nueva cafetería de moda en una zona de la ciudad recientemente restaurada, con calles adoquinadas. De hecho se trataba de la única parte de la ciudad con algo de interés. Sentados en la cafetería, ella dijo animadamente: «Me gusta este sitio. Me recuerda a Santa Fe» —ciudad en la que

Andrew deseaba vivir y ella lo sabía—. Andrew consideró que ése era un comentario desmedido y le replicó secamente: «No es verdad. Esto no tiene nada que ver con Santa Fe y jamás será como Santa Fe».

Ella se enfadó mucho y acusó a Andrew de estar arruinando el día de San Valentín. Empezaron a discutir y así estuvieron durante cinco horas. Al final Andrew terminó diciéndole: «Me voy de este sitio. Si quieres, puedes venir conmigo. Ya lo decidirás tú misma».

Ella se quedó. Andrew dejó la joyería y actualmente vive en Santa Fe, donde trabaja por cuenta propia. Ha vuelto a casarse y ahora decide con su mujer cómo pasar las fiestas.

Antes de llegar a la conclusión de estar con la persona equivocada, debes analizar profundamente tu situación durante un tiempo. Hay muchas personas que, ante las adversidades, tiran la toalla en menos que canta un gallo. Otras, en épocas difíciles o monótonas, llegan a la conclusión de que el amor que sentían ha desaparecido para siempre. Pregúntate y contesta desde lo más profundo de tu corazón si estás realmente con la persona equivocada o si lo que buscas es una excusa para dejar a tu pareja, para evitar el trabajo duro o para convencerte de que llevas la razón y que tu pareja anda equivocada. Si tus repuestas revelan que no se trata de la persona equivocada sino de un mal momento, entonces lo más recomendable es que pidas consejo o que tú mismo lleves a cabo los cambios pertinentes.

Razones erróneas para escoger a alguien como pareja

A veces iniciamos una relación porque estamos convencidos de que más o menos sabemos cuál es el tipo de persona o relación adecuada para nosotros. En cambio, con el tiempo nos damos cuenta de que se trataba de una ilusión. Podemos llegar a arruinarnos o dejarnos llevar por la primera persona que conocemos que parece gozar de una buena situación económica. Quizá nos dancen por la cabeza las imágenes de la revista *Playboy* y terminemos casándonos con la primera rubia voluptuosa que pase por la calle, para luego darnos cuenta de que un matrimonio va más allá del tamaño de los pechos y el color del pelo.

Jane estuvo casada con un chico hippie, un artista que nunca vendía nada. Aunque había recibido algún encargo, a lo largo del matrimonio sus aportaciones a la economía familiar fueron muy escasas. A Jane, pues, no le quedó más remedio que tomar las riendas y controlar que hubiese ingresos y se pagasen las facturas, así como que el niño fuese vestido, recibiese una educación y estuviese bien alimentado.

Cuando Jane se divorció, estaba decidida a volver a casarse con una persona responsable, y lo consiguió. Matt era un ejecutivo de una empresa que aparecía en el prestigioso *ranking* de la revista *Fortune 500* y era un responsable compulsivo. Al principio Jane estaba encantada. Le tranquilizaba no tener que ser responsable de todo. Matt pagaba las facturas, la mayor parte de los ingresos que entraban en la casa se debían a él, organizaba la casa y se hacía cargo de la estructura familiar. Sin embargo, a medida que iban pasando los años, Jane se sentía cada vez más controlada. Si las cosas no se hacían según el gusto de Matt, éste se enfurecía y no dejaba de insultar. Cuando Jake, el hijo de Jane, creció y fue más independiente, a Matt le dio por entrometerse en su vida y reprenderlo severamente cada vez que violaba las normas que él había establecido. Una nota inferior al sobresaliente desencadenaba un discurso de cuatro horas en el que le decía que era un perdedor. Al final, en uno de estos episodios, Matt abofeteó a Jake. Jane dejó a su marido ese mismo día.

Analizando los años que habían pasado juntos, entendió que tras dejar a su primer marido se fue al otro extremo con su segundo matrimonio y que ningún extremo era bueno. En ambas ocasiones se había casado por razones equivocadas.

¿Iniciaste tu relación con una idea equivocada? ¿Fue una reacción a una situación previa? ¿Te atraía más la imagen que la persona en sí? ¿Estabas intentando complacer a otra persona?

De ser así, como ya hemos visto anteriormente, no se trata de que dejes inmediatamente la relación; quizá lo más adecuado sea hablar acerca de la situación, efectuar algún ajuste o incluso ponerse en manos de un profesional que ayude a que la relación funcione.

La relación se hace pequeña para una o ambas partes

Joni Mitchell tiene una canción con un verso que habla sobre la ruptura de una pareja: «O sea que vuelvo a ser yo misma de nuevo, eso que tanto tú como yo estuvimos reprimiendo». En las relaciones, hay veces en las que los dos miembros de la pareja se ponen de acuerdo para reprimir algún aspecto amenazador o que no conviene a alguno de los dos.

Jenny consideraba que todo iba viento en popa con su pareja, Mark, con quien se llevaba bien por norma general. El único problema era que Mark era muy celoso. A Jenny le encantaba bailar, afición que había practicado varias veces a la semana hasta que empezó a salir con Mark, y éste le dijo claramente que no le iba a permitir que fuese a discotecas y que bailara con otros hombres. Al comienzo Jenny intentó hacerle entender que podía confiar en ella y que a las discotecas sólo iba para bailar, pero Mark no dio el brazo a torcer. Al final Jenny se convenció de que el trueque no era tan malo: ya había salido con otros chicos y, al fin y al cabo, su relación con Mark era muy buena.

Al cabo de algunos años, Jenny quiso asistir a unas clases de danza moderna. Allí se dio cuenta de lo mucho que le gustaba bailar y del tiempo que había desperdiciado: no pensaba volver a dejarlo. Fueron muchos los enfrentamientos que tuvo con Mark por este asunto. Jenny llegó incluso a proponerle que la acompañase a las clases para aprender a bailar o simplemente escuchar música, pero Mark seguía mostrándose en contra. Jenny lo amenazó diciendo que iría a bares de lesbianas, pero él no cambió de actitud. Después de darle muchas vueltas, Jenny pensó que no valía la pena echar la relación por la borda, así que de nuevo volvió a aparcar la danza.

Cuando unos años más tarde murió su madre, Jenny se dio cuenta de que a ella le había ocurrido lo mismo que a ésta, quien había participado activamente en actividades teatrales y había tenido ante ella la posibilidad de una gran carrera en el mundo de la música. Sin embargo, lo abandonó todo y empezó a estancarse al casarse con el padre de Jenny. Jenny tenía su trabajo y se había prometido que no sacrificaría su vitalidad ni se estancaría por una relación.

Así pues, le dijo a Mark que no estaba dispuesta a dejar otra vez la danza y que sería conveniente que ambos acudiesen a un asesor que ayudase a Mark a entender la situación. Como de costumbre, Mark se mostró en contra de nuevo. Ante esta reacción, Jenny le dijo que no quería perderlo, pero que a su vez se negaba a abandonar la danza, o sea que él tenía que tomar una decisión. Durante meses discutieron una y otra vez por este asunto y al final Mark decidió marcharse. A Jenny le dolió enormemente perder a su pareja. Sin embargo, pese al dolor, entendió que durante años se había quedado estancada y que, tan pronto había vuelto a la danza, volvió a sentirse viva y satisfecha. La tristeza y el dolor consecuencia de la ruptura pasaron a formar parte de la vitalidad que ahora volvía a sentir.

¿Te has estancado a causa de la relación con tu pareja? ¿Has dejado atrás aspectos para ti cruciales con el fin de contentar a tu pareja? ¿O quizás has sido tú quien ha reprimido aspectos cruciales de tu pareja?

De nuevo, ten cuidado en este sentido. Toda relación requiere la fijación de una serie de compromisos y esto no significa que tú vayas a hacer lo que te dé gana y si a tu pareja no le gusta, peor para ella: estoy hablando de compromisos que llevan a la pérdida o al abandono de algo crucial en la vida e integridad de uno.

Sin embargo, si la relación se ha estancado, ¿qué puedes hacer para que vuelva a fluir? ¿Puedes hablar de ello honestamente? ¿Eres capaz de enfrentarte a la ira o ansiedad de tu pareja o a la posibilidad de que te dejen? ¿Crees que la terapia, individual o en pareja, puede ser una opción para resolver la situación?

Dejar que pasen las cosas o dejar que una relación se desestabilice cada vez más

A veces, para que reine la paz en la relación, dejamos escapar demasiadas cosas. Puede pasar como en la historia de la rana y el cazo de agua hirviendo. Si ponemos una rana en un cazo de agua hirviendo, lo más seguro es que salte y se escape. Sin embargo, si ponemos esa misma rana en un cazo de agua tibia e incrementamos poco a poco la temperatura, la rana terminará hirviendo dentro del cazo.

Lo mismo ocurre con los problemas de pareja: empiezan siendo leves y nos adaptamos a ellos, pero con el tiempo se van haciendo mayores y, aun así, nosotros nos seguimos adaptando a la situación. A lo largo de mi carrera, he conocido casos de malos tratos reiterados que a la víctima, acostumbrada a los malos tratos y la violencia, ya le parecen un hecho «normal».

143

> ### ¿Estás perdiendo el equilibrio a causa de los compromisos?
>
> - ¿Qué es lo que has dejado escapar o has estado soportando durante tanto tiempo que ha terminado perjudicándote o incidiendo en tu relación?
> - ¿En qué punto tu relación se ha desequilibrado de un modo perjudicial?
> - ¿Qué es lo que necesitas para adoptar alguna postura acerca de tu relación?
> - ¿Qué es lo que necesitas para poner punto final a tu relación?
> - ¿Qué es lo que necesitas para que tu relación recupere el equilibrio?
> - ¿En qué punto de la relación has dejado de demostrar lo que opinas y sientes o te han impedido hacerlo?

A veces ocurre lo mismo cuando alguien adopta una actitud de lucha injusta, como por el ejemplo en los casos de las personas que amenazan con suicidarse, dejar a su pareja o cometer alguna acción grave si no consiguen lo que quieren.

Claro está que en la mayoría de las ocasiones las amenazas no llegan al punto de la violencia o de amenazar con el divorcio, pero existen muchos aspectos que quizás hayamos dejado perder y al final la relación ha terminado empeorando y rozando el desequilibrio.

Secretismo sexual y malas parejas

En los treinta años que llevo ejerciendo de terapeuta de parejas, una de las fuentes más típicas de descontento y crisis que he visto son las malas parejas y el secretismo en el terreno sexual. Ya se trate de tu manera de expresarte sexualmente o de la frecuencia de deseo, cerciórate de que tanto tu pareja como tú conocéis vuestras respectivas posiciones.

Hay días en los que por la tarde tengo tiempo de ver los culebrones que dan por televisión y casi siempre termino gritándole a la pantalla cosas como: «¡Dile que tienes un hijo fruto de una relación extramatrimonial! Así nos ahorraremos quince episodios el año que viene», o: «No vayas a ver a esa antigua amante en su habitación de hotel sólo porque te haya dicho que quiere contarte algo importante. Sabes muy bien que este encuentro será el principio de otra relación y que, tarde o temprano, tu mujer va a terminar enterándose o alguien va a hacerte chantaje».

Lo mismo diría de las malas parejas y del secretismo: si no nos enfrentamos a ello clara y directamente, tienen todos los números para terminar convirtiéndose en culebrones o crisis. Si disfrutas con el sexo y a tu pareja le aburre, permíteme que me dirija a tu pantalla y te grite lo siguiente: «Vas a tener problemas si no intentas poner fin a esta situación». Si te gusta que se pongan encima de ti y te peguen con un látigo y tu pareja considera que esto es algo extremamente perverso, solucionálo ahora mismo o vas a tener que pagar un precio muy alto.

En casos así, la única solución es abordar el problema a corto plazo —y de un modo más limpio— o a largo plazo —con más posibilidades de que se convierta en un drama y de hacerlo con menor integridad—. Son muchos los tabúes que existen respecto a la sexualidad y la gente es capaz de ocultar sus actividades sexuales y a su vez seguir poniéndolas en práctica de un modo que resulta perjudicial o irrespetuoso hacia otras personas, así como dañinas para la relación en sí a no ser que uno de los miembros de la pareja supere este aspecto de su naturaleza y solucione el problema junto con la otra persona. Si todavía no te has sincerado acerca de tus deseos o inclinaciones, éste es el momento para abrirte, ya que la verdad terminará saliendo a la luz tarde o temprano y quizás ocurra de un modo que no sea de tu agrado.

Una vez trabajé con una pareja que, cuando iniciaron su relación, vivían en ciudades distintas. Cuando se veían los fines de semana, dedicaban al sexo una parte muy importante del tiempo que pasaban juntos. Luego se casaron, por lo que empezaron a pasar mucho más tiempo juntos. Durante los primeros años de matrimonio cada día hacían el amor; sin embargo, a medida que pasaba el tiempo, ella empezó a dedicarle cada vez más tiempo a su negocio y él comenzó a sentirse cada vez más olvidado. En resumidas cuentas: él empezó a presionarla —a veces sutilmente, otras no tanto— para que volviesen a dedicar más tiempo al sexo y ella, al final, terminó perdiendo las ganas. Cuando hice terapia con ellos, ella confesó que de hecho jamás había sentido necesidad de sexo.

Él era consciente de que ella terminó perdiendo las ganas a causa de la presión y de que él, ante esta situación, se enfadaba y tenía la sensación de que ella no lo quería y que en realidad no estaban unidos si no había sexo, lo que provocaba que todavía la presionase más. En las sesiones de terapia, hicimos un experimento en el que ella se comprometía a tomar la iniciativa durante una semana; a la semana siguiente harían el amor en dos ocasiones distintas por iniciativa de él, a cambio de que se comprometiese a no ejercer más presión, y así sucesivamente. A ella le pareció muy buena idea, puesto que él se iba a sentir mucho mejor. De hecho, le pareció muy bien hacer el amor si no se convertía en algo cotidiano y, a su vez, él entendería que a ella le importaban sus deseos.

Les pedí que probasen el experimento durante un mes y que, transcurrido este tiempo, hablaríamos de nuevo. Cuando volví a verlos, lo primero que dijo él fue: «Quiero que todas las semanas sean sus semanas». Al desaparecer la presión, ella recobró el deseo sexual. En las semanas en las que él llevaba las riendas y a ella le tocaba hacer el amor por obligación, sólo hacían el amor las dos veces acordadas. En cambio, durante las semanas en las que se había acordado que ella tomaría la iniciativa, lo hacían varias veces al día cada tres días.

Tal como pone de relieve este caso, el problema puede ser una presión excesiva; sin embargo, en otras ocasiones existe una diferencia básica en el deseo. La masturbación puede ayudar, pero, de nuevo, se trata de algo que entraña vergüenza y secretismo en la mayoría de casos. ¿Puedes plantearle a tu pareja vías alternativas para tratar esta diferencia y hacerlo sin presión, frustración, secretismo o vergüenza? ¿Tienes valor para hablar abierta y honestamente sin culpar a nadie? ¿Puedes pensar en algún compromiso que no perjudique tu integridad y que funcione para ambos?

LA SINCERIDAD TOTAL: CUANDO TODO FALLA, PROCURA CONTAR LA VERDAD

Una vez, David Schnarch, quien ha escrito varios libros sobre sexualidad, las relaciones de pareja y vida íntima —entre los que destacan *Constructing the Sexual Crucible*, *Passionate Marriage* y *Resurrecting Sex*—, me contó una historia muy interesante. A causa de una fuerte nevada, ambos nos quedamos sitiados en un congreso donde habíamos dirigido unos seminarios, así que nos pusimos a hablar. Le pregunté qué le había llevado a escribir su primer libro y a dar conferencias por todo el mundo. Me contestó que había estado asesorando a una pareja cuyo nido se había quedado vacío: después de que los hijos se independizasen, se dieron cuenta de que en realidad había poca confianza entre ellos. Con los años, su relación cada vez se había hecho más superficial y sus conversaciones consistían en frases como: «¿Ya llevaste el coche al mecánico?», o: «La cena está en el congelador, ponla a calentar en el microondas y acuérdate de que Joey tiene clase de piano esta noche». En cambio, se dieron cuenta de que, cuando tenían que relacionarse el uno con el otro, no estaban seguros de si todavía quedaba algo del enamoramiento y la proximidad que habían sentido al conocerse, pero al mismo tiempo ninguno de los dos estaba dispuesto a tirar la toalla. Así que se pusieron en manos de David para que éste les dijese si valía la pena o no romper el matrimonio y para que les ayudase a recuperar el sentimiento de conexión y confianza. A David no le costó ver que en realidad no se conocían, ya que, con el paso del tiempo, los dos habían cambiado y ninguno había demostrado sinceridad, ni siquiera durante la primera época de casados. David les dijo que estaba dispuesto a ayudarlos, pero que, a cambio, ellos deberían comprometerse a ser fieles a un proceso que no iba a ser ningún camino de rosas. Ambos estuvieron de acuerdo y se pusieron manos a la obra.

Con la ayuda de David, los dos empezaron a expresar toda una serie de resentimientos, fantasías y sueños que hasta el momento se habían guardado para sus adentros. En algunos casos se trataba de cosas incómodas y dolorosas y, en otros, de cosas emocionantes. De todos modos, el proceso resultó ser un verdadero desafío en todo momento, tal como David les había anunciado. Hubo lágrimas, gritos y días y noches de silencio. Pero también se rieron, hicieron el amor y pasaron juntos momentos íntimos. Estaban, pues, empezando a despertar, tanto a nivel individual como de pareja. En una de las sesiones con David, le informaron de que su vida sexual había mejorado enormemente: su relación sexual era ahora verdaderamente eléctrica y mágica; era como si alguien le hubiera dado al interruptor. Agradecieron a David el bien que les había hecho. David se sintió completamente feliz y orgulloso por lo que conjuntamente habían logrado; sin embargo, hubo algo que lo dejó intranquilo. «Mi relación sexual no es así», pensó.

De modo que se dirigió a casa inmediatamente con la intención de poner en práctica el mismo proceso con Ruth, su mujer. Empezó a contarle todo lo que se había guardado para sus adentros por miedo o vergüenza. Ruth no entendía por qué David le venía de repente con esas cosas y le preguntó a qué era debido. David le respondió que su deseo era que su relación fuese lo mejor posible ahora y siempre. Ruth se dio cuenta del valor de este proceso y se entregó todo lo que pudo. Así pues, tras el drama experimentado por la pareja que David había asesorado, Ruth y David empezaron a gozar de una vida íntima y sexual extraordinaria.

A veces las crisis nos brindan la oportunidad de ser totalmente sinceros con nosotros mismos así como con nuestra pareja. No se trata de algo que le funcione a todo el mundo, pero si tu relación corre el riesgo de ir a la deriva, vale la pena arriesgarse e intentar solucionar la situación por muy doloroso que sea. Una relación renovada puede ser algo maravilloso para las dos partes.

CREAR JUNTOS UNA NUEVA RELACIÓN

Las crisis más típicas en las relaciones de pareja a menudo tienen que ver con traiciones o infidelidades. Alguien que declara no seguir enamorado o que deja a su pareja puede provocar una crisis. Estas crisis pueden llevar a la desaparición de la relación, lo que no significa que no vaya a tener lugar un crecimiento o cambio positivo cuando se supere la crisis, pero también pueden resultar en una renovación y enriquecimiento de la relación.

A veces, cuando surge una crisis importante o se da alguna adversidad que afecta a la relación, como por ejemplo la infidelidad por parte de uno de los miembros, una enfermedad o algún tipo de pérdida, debemos reconocer que esa antigua relación que había entre ambos ya no existe. Hay ocasiones en las que, si queremos empezar una nueva relación con nuestra pareja, primero tendremos que reconocer la pérdida de la relación previa.

He visto parejas que, al llegar por primera vez a mi consulta, daban la impresión de estar sumidos en una relación totalmente muerta; sin embargo, con el tiempo han logrado generar otra relación completamente nueva. El amor es algo misterioso: los que se casan por conveniencia pueden terminar realmente enamorados y, en cambio, los que han empezado una relación sintiéndose totalmente enamorados pueden acabar odiándose y no pudiendo verse ni en pintura.

Siempre tienes la opción de llevar a cabo un ritual con el fin de reconocer emocionalmente que tu antigua relación ya no existe y hacer algo para dejar claro que estás dispuesto a emprender una relación nueva. ¿Podrías volver a salir con esa persona? ¿Intercambiar de nuevo los votos de matrimonio? ¿Sentarte y hablar sinceramente acerca de la nueva situación?

Frank sufrió un accidente automovilístico y, como consecuencia, quedó parapléjico. Esta nueva situación comportó que tuviese problemas de erección y, tanto su mujer como él se dieron cuenta de que esto planteaba todo un reto para el matrimonio. De todos los ajustes y cambios a los que tuvieron que enfrentarse, el sexo, que siempre había sido crucial en la relación entre Shelley y Frank —sobre todo para ella— era el aspecto que planteaba más complicaciones. Tras varios meses de silencio, una noche tuvieron una discusión y al final reconocieron que, a lo largo de este tiempo, la tensión había ido en aumento y que ninguno de los dos se había atrevido a hablar de ello. Shelley tenía sus deseos y entre ambos tuvieron que buscar nuevas vías para enfrentarse a esta carencia. Shelley se echaba las culpas por sentir esta necesidad y Frank, por su incapacidad de erección. Hablaron largo y tendido acerca de su vida sexual y ambos expresaron con toda sinceridad los miedos y frustraciones que sentían así como lo que entrañaban estos cambios.

Frank podía mover los dedos y la lengua, así que empezaron a tener relaciones sexuales con más frecuencia. Sin embargo, Shelley echaba de menos la penetración: para ella los consoladores no eran lo mismo.

Tras ver un programa en televisión sobre matrimonios abiertos, Frank le sugirió a Shelley que, una vez al año, se permitiese una licencia extramatrimonial. En esa noche, Shelley podría ir a donde quisiera y con quien quisiera hacer lo que le apeteciese. A su vez, Frank no haría preguntas al respecto para que Shelley no se sintiese mal. A Shelley no le convenció la idea; sin embargo, al cabo de un año, decidió ponerla en práctica. Frank jamás hizo preguntas al respecto y Shelley jamás mencionó el tema. Han transcurrido diez años y todavía siguen juntos.

Crisis económicas

Muchas de las crisis sufridas por amigos y pacientes míos se han dado por dinero, o por lo menos tienen algo que ver con ello. Como si de un factor biológico se tratase, el dinero parece ser una parte central de la vida moderna, así que no nos debería sorprender si entra en juego en muchas crisis.

Una vez escuché una serie de grabaciones de Joe Domínguez —autor del libro *La bolsa o la vida*—, quien se había retirado tempranamente, si no me equivoco a los 40 años, con el dinero suficiente para no tener que trabajar nunca más. Esto lo consiguió porque había simplificado su vida y sus necesidades y porque había aprendido a administrarse.

Pese a que estas grabaciones abarcaban muchos aspectos, personalmente me quedé con la sabiduría que transmitían, simple pero al mismo tiempo profunda. Yo tenía problemas económicos por aquel entonces, situación en la que me encontraba desde hacía ya algunos años. Uno de los consejos de Domínguez era anotar durante un mes todos y cada uno de los céntimos ganados y gastados y, de este modo, ver no sólo cuál era la procedencia del dinero, sino, lo que era más importante, hacia dónde iba. Si bien es cierto que llevar la contabilidad puede resultar laborioso, actualmente, con todos los adelantos tecnológicos, cuesta mucho menos estar al corriente de los gastos y los ingresos.

La idea que yace bajo esta práctica es principalmente que la mayoría de nosotros no sabemos muy bien cuál es nuestra propia situación económica y una de las maneras más sencillas de adquirir conciencia en este sentido es prestarle atención de un modo distinto. Domínguez descubrió —igual que yo desde que pongo en práctica esta idea y la recomiendo— que casi todo el mundo se sorprende ante la cantidad de dinero que gasta en ciertos productos, servicios o actividades. Son muy pocas las personas dispuestas a reconocer la verdad acerca de su situación financiera.

Una crisis financiera nos brinda la oportunidad de descubrir esa verdad y analizar la importancia del dinero en nuestra vida. ¿Sabes exactamente qué ingresas, lo que gastas y en qué lo gastas? ¿Tus gastos se traducen en felicidad o satisfacción? ¿Has llegado demasiado lejos con las deudas, hasta el punto de tener que conseguir un sobresueldo para pagar lo que te has gastado con la tarjeta de crédito, sin poder disfrutar de los frutos de tu trabajo? ¿Ya te has presionado tanto que crees que dando un cambio profesional o laboral cometerías una irresponsabilidad y arriesgarías también a los que dependen de ti?

Durante mi época hippie llegué a despreciar el dinero; consideraba que era algo malo. No quería saber nada del tema y no entendía qué sentido tenía preocuparse por ello. Sin embargo, lo que descubrí tras algunos años sin tener nada es que, si no aprendes a administrarte, el dinero termina absorbiendo tu vida. De hecho, a decir verdad, durante esa época casi siempre pensaba en el dinero.

A Fay le disgustaba no tener dinero. A pesar de que adoraba a sus hijos y quería estar con ellos, le suponía una enorme frustración no poder permitirse las cosas que le gustaban. Constantemente elaboraba planes para ganar más dinero, planes que raras veces llegaban a cuajar y que salían caros a la familia. Cada vez se sentía más frustrada, deprimida y disgustada y al final empezó a comprarse todo lo que veía en los canales de compras de televisión. Éstas eran compras tan emocionales y desenfrenadas que se tradujeron en unas facturas de la tarjeta de crédito muy cuantiosas y, finalmente, en peleas con su marido, quien tuvo un enorme disgusto cuando se dio cuenta de la cantidad que Fay había gastado. Esta situación también ejerció más presión sobre el marido, quien sentía que tenía que trabajar aún más para ganar más dinero. Las facturas de la tarjeta de crédito terminaron siendo tan grandes que la familia no podía salir a flote y, al final, les embargaron los bienes. Entonces Fay comprendió que, aunque mientras los niños fuesen todavía pequeños ella no podría alcanzar las aspiraciones profesionales que perseguía, lo que no debía hacer era vivir por encima de sus posibilidades. Asimismo, empezó una terapia con el fin de analizar sus hábitos de compra compulsiva.

¿Gastas dinero por razones emocionales? Si puedes permitírtelo, no pasa nada en absoluto, pero si el hecho de gastar se traduce en un torbellino emocional todavía mayor, quizás haya llegado la hora de introducir algún cambio. Una vez oí un comentario relacionado con el comer compulsivamente y las dietas yo-yo: «Si lo que de verdad te apetece es comerte un pastel de zanahoria, ni mil zanahorias lograrán saciar tu antojo». Así pues, si lo que necesitas es alivio emocional, quizá deberías buscar otras vías para conseguirlo, otros caminos que no te llevaran a pagar un precio tan alto ni verte sumido en una crisis.

Karma financiero

Hay personas a las que no parece afectar el dinero, independientemente de lo que tengan o ganen. Sin embargo, las hay a las que les ocurre todo lo contrario. En las personas, se observan ciertas pautas recurrentes que surgen de comportamientos y creencias relacionados con el dinero. En tu caso, ¿cuáles son las pautas que se reiteran? ¿No paras de gastar o te ocurre lo contrario? ¿Te da miedo gastar por temor a empobrecerte o contraer deudas? ¿Has tenido parejas con constantes problemas financieros pero en cambio tú eres muy responsable con el dinero? ¿Qué tipo de discusiones por dinero sueles tener con tu pareja? ¿Sueles prestar dinero y luego no te lo devuelven?

Si en tu caso hay pautas que se repiten, una vez que las hayas reconocido podrás empezar dar los pasos adecuados para corregir tus hábitos y actitudes en relación con el dinero.

Gastar más de la cuenta / Deudas

Si esto es algo que te afecta, es muy probable que apenas guarde relación con la cantidad de dinero que ganes.

Posibles soluciones: El primer paso correctivo es analizar tus ingresos y gastos mensuales. Haz este ejercicio durante varios meses y comenta los resultados con otras personas que consideres que pueden ayudarte en lugar de hacerte sentir culpable o avergonzado por ello. A continuación, cambia ligeramente tus hábitos de gasto sin que llegue a representar un sacrificio para ti. Sé de un señor que dejó de tomarse sus cortados durante un año y se conformó con el café que daban en el trabajo. Durante todo ese tiempo, fue depositando en un vaso el dinero que se hubiese gastado en cortados y, gracias a estos ahorros, pudo permitirse unas vacaciones. Si tu situación es más extrema, quizá tengas que introducir cambios más radicales en tu tren de vida y así llegar a saldar tus deudas y problemas financieros.

La tacañería

¿Te da miedo gastar dinero o disfrutarlo? ¿Temes que ocurra un desastre y por ello vas acumulando dinero? ¿Ganas menos de lo que debieras teniendo en cuenta tu profesión o grado de formación?

Posibles soluciones: Si gastar dinero te da miedo, haz algo de terapia para paliarlo. Para romper esta pauta, date algún capricho que no sea demasiado caro o regala algo a alguien a quien aprecies. Si cada vez ganas menos dinero de lo que debería corresponderte por profesión o formación, procura que algún amigo te eche una mano con las tarifas o te asesore para saber pedir un aumento de sueldo.

*Cuando la pareja está endeudada, tiene problemas
financieros o un comportamiento irresponsable
con el dinero*

¿Se trata de una casualidad? Quizás éste sea el caso si solamente te ha ocurrido con una de las parejas que hayas tenido. No obstante, si el caso se ha dado en más de una ocasión, es aconsejable que analices tu comportamiento y veas cómo interactúas con tu pareja en relación con los asuntos financieros así como con las pautas del karma de la vida que sean recurrentes. Si llegas a la conclusión de que éste es un problema que sólo se da con esta pareja, entonces todavía tienes energía para responder o interactuar.

Posibles soluciones: De nuevo, decir la verdad te puede ser de gran ayuda para poder zanjar esta situación. He observado que muchas personas no cuentan a su pareja los aspectos más duros y desagradables de su situación financiera, ya sea porque ni siquiera son conscientes de ello —o no desean serlo— o porque temen que los critiquen, culpen o controlen.

Crisis de salud

Teniendo en cuenta que los aspectos biológicos y la salud son cruciales en nuestra vida, muchas veces las crisis que sufrimos se relacionan con esos aspectos o se deben a ellos.

INFARTOS FALSOS / CÁNCERES / BULTOS SOSPECHOSOS

Quizá peco de hipocondríaco, pero no puedo remediarlo: siempre que noto algún síntoma misterioso, un bulto que no desaparece o un dolor extraño e inexplicable que persiste, me pregunto cosas como: «¿Tendré algún cáncer?», «¿Se trata de un infarto?», «¿Padezco algún mal incurable?».

Mis peores temores jamás han llegado a materializarse, pero siempre que he creído ser víctima de algún mal amenazador, inmediatamente me he puesto a pensar en todo aquello que debería hacer o dejar de hacer y que puede haber sido la causa del problema: «Debería hacer más ejercicio», «Debería comer menos grasas», «No hubiese tenido que trabajar tanto, quizás el estrés tenga algo que ver con esto».

Así pues, empecé a tomarme estas reacciones hipocondríacas como una especie de avisos o pruebas para enfrentarme a la verdad. Si se te ocurre pensar que padeces un mal que pone tu vida en peligro o que la va a condicionar, ¿de qué hábito relacionado con la salud o tu estilo de vida te arrepentirías inmediatamente? ¿Has estado sufriendo malos tratos por parte de tu pareja durante demasiado tiempo? ¿Has permanecido en un trabajo que no te gustaba nada? ¿Has llegado a comer hasta ponerte enfermo? ¿Has vuelto a fumar con la excusa de no engordar —algo que te ocurrió al dejarlo— aun temiendo que ahora puedas tener un enfisema o un cáncer de pulmón? ¿Merecía la pena la vanidad? ¿Has hecho suficiente ejercicio? ¿Has dedicado el tiempo que deberías a tus seres queridos? ¿Te has ido de vacaciones cuando lo necesitabas?

Si no lo haces, puede que tengas que enfrentarte durante un tiempo a la quimioterapia, inyectarte insulina o acudir a visitas médicas y al hospital con frecuencia. Por tanto, ¿no crees que es mejor dedicar un poco de tiempo a hacer ejercicio? Un susto relacionado con la salud puede ser un muy buen aviso para cambiar tu estilo de vida y los hábitos que afecten a la salud.

Haber estado al lado de mi mujer a lo largo de una grave enfermedad, así como haber presenciado cómo otras personas se enfrentaban a enfermedades catastróficas, me ha hecho comprender que en las enfermedades a menudo hay un elemento que pasamos por alto y al que yo llamo «el problema por encima de la razón» para contrarrestar la creencia enraizada de que o bien creamos las enfermedades que sufrimos o bien somos capaces de superarlas con la disposición y las emociones adecuadas. A veces la neurología o la psicología van por delante de nosotros, independientemente del nivel de espiritualidad que tengamos; de lo contrario, ¿por qué tuvo que morir gente como Mary Baker Eddy, la madre Teresa de Calcuta o Norman Vincent Peal?

Tenemos que comprender que, a veces, el cuerpo puede más que la mente, hecho que no equivale a ningún tipo de debilidad ni fracaso personal: no se trata sino de algo biológico. Ocurren cosas malas y lo que le suceda a nuestro cuerpo se convierte en el factor que termina dominando nuestra vida. Asimismo, son más bien los problemas psicológicos los que pueden llegar a crear emociones, y no a la inversa.

Tú no eres tu enfermedad: uno mismo más allá de la salud

Otro aspecto que debe tenerse en cuenta sobre las crisis resultado de una enfermedad es que, detrás de ésta, existe una persona. Con demasiada frecuencia, cuando una enfermedad actúa con intrusismo y domina nuestro día a día, empezamos a notar hasta qué punto nuestra vida está condicionada. Sin embargo, no somos «un diabético», ni «un enfermo de corazón», ni ninguna otra etiqueta que haga referencia a nuestra enfermedad: somos personas que sufrimos o experimentamos una enfermedad.

¿Qué puede irte bien para no olvidar a ese alguien que vive fuera o más allá de una enfermedad o condición? ¿Quién te ayuda a recordar a ese alguien?

Crisis profesionales y laborales

Son tantas las horas que la mayoría de nosotros pasamos trabajando que no es de extrañar que éste sea uno de los factores que más crisis genera. Nuestro estatus, autoestima, base financiera y supervivencia quedan envueltos en este cometido. Luego es fácil que nos engañemos acerca de nuestro trabajo o que acabemos perdiendo nuestra integridad en este terreno en el nombre de la seguridad, el estatus, el dinero o el miedo.

Cuando empecé a ejercer de terapeuta, llegué a la conclusión de que la gente se tomaba el trabajo de dos maneras distintas: había personas que trabajaban para ganar dinero e intentaban sobrellevar la jornada laboral para luego, ya fuera del trabajo, vivir de verdad. No veían el momento de salir para volver a respirar y divertirse. En cambio, había otras personas cuyo trabajo les proporcionaba una enorme satisfacción y daba sentido a sus vidas; por lo que la frontera entre trabajo y vida era menor.

> A veces llegamos hasta el último peldaño de la escalera plegable para luego darnos cuenta de que la habíamos puesto en la pared equivocada.
>
> JOSEPH CAMPBELL

Tras varios años comprobándolo, comprendí que la más acertada de estas opciones era, sin lugar a dudas, la segunda. Si había personas que vivían tanto dentro como fuera del trabajo, yo también deseaba pertenecer a este grupo. En vez de tener que aguantar esas horas de tortura en el trabajo y luego intentar encontrar los momentos para vivir de verdad fuera del trabajo, a mí me atraía la idea de trabajar en algo que quedase integrado dentro de mi vida.

Sin embargo, está claro que bajo esta opción yace un peligro: que al final el trabajo se convierta en la única fuente de sentido y satisfacción y que, en la vida de uno, se termine produciendo un desequilibrio.

A continuación presento una serie de «trampas profesionales» que pueden desembocar en una crisis o que, si ya te encuentras en ese período de incertidumbre que caracteriza los inicios de una crisis, valdría la pena que tuvieses en cuenta.

Trabajo inadecuado

Esto es algo que nos resulta evidente a casi todos. Un mal jefe, un trabajo lejos de casa, un empleo que no lleva a ninguna parte, un trabajo mecánico, un trabajo que no da para pagar las facturas a fin de mes. Casi todos hemos pasado por situaciones así, pero ¿no será que tú llevas aguantando demasiado tiempo? ¿Qué es lo que te retiene? ¿Te sirves de este trabajo para subir escalafones? ¿Es una estrategia de supervivencia hasta que aparezca otra oportunidad o te encuentras en un callejón sin salida?

Posibles soluciones: Haz algún pequeño paso cada día o cada semana para encontrar otro trabajo; llama a tus amigos y pídeles que te asesoren; si en una empresa hay una vacante, llama e infórmate; haz un listado de las posibilidades laborales que deseas explorar. O deja inmediatamente el trabajo y fuérzate a encontrar otro.

Carrera profesional inadecuada

Hay casos en los que a una persona se le dice repetidamente que sirve mucho para algo, pero, en realidad, ese algo no es a lo que quiere dedicarse en esta vida. Quizá te decantaste por una profesión y no por otra porque tenías talento, o quizá fue por pura casualidad y terminaste dedicándote a ello porque lo hacías bien, porque la gente también te lo decía o porque te proporcionaba un buen sueldo. Quizá te dedicaste a ello porque tus padres pensaron que sería una buena salida y tú pensaste que, con ello, ibas a vivir bien. Quizá pensabas que era una carrera con un cierto *glamour* y que te daría un estatus. Pero aparte de algunas o de todas estas razones equivocadas, sabes muy bien que éste no es un trabajo para ti, ya sea porque te aburre o porque no te llena; pero asimismo te resulta difícil dejarlo. Las *esposas de oro* es un término que se utiliza para describir una situación financiera que retiene a las personas en su trabajo o profesión incluso cuando son conscientes de que, salvo el aspecto financiero, lo mejor sería buscar otra cosa. ¿Te encuentras en una situación parecida? ¿Qué harías si el dinero o el estatus no tuvieran importancia?

Posibles soluciones: Acude a un asesor; haz test de aptitud; acuérdate de lo que disfrutabas haciendo años atrás; acuérdate de tus pasatiempos o pasiones y tenlos en cuenta como salidas profesionales; entrénate.

El duelo / Las crisis debidas a una pérdida

Querría empezar este apartado con algo que llegué a entender al trabajar con unos padres que habían perdido a un hijo como consecuencia de la leucemia.

161

Ya habían transcurrido algunos años y decían que se sentían como si en realidad nadie los pudiese comprender salvo ellos mismos u otros padres cuyos hijos también habían fallecido siendo todavía niños. Los amigos querían que siguiesen adelante y lo superasen, pero era imposible. Si bien empezaron a reír de nuevo, a experimentar sentimientos distintos al dolor y a disfrutar de la vida, algo en ellos seguía sumido en ese dolor y allí permanecía. Así que cada momento estaba marcado por esta dualidad de sentimientos: lo habían superado y no lo habían superado.

> Ya que Dios no podrá llenarnos el alma hasta que ésta esté vacía de preocupaciones triviales, un duelo importante es una hoguera tremenda en la que perece toda la inmundicia de la vida.
>
> CLARE BOOTHE LUCE

En muchas situaciones de duelo, la sociedad y los amigos nos piden que lo superemos y que sigamos adelante. Sin embargo, creo que es posible seguir sintiendo el dolor y seguir adelante al mismo tiempo, avanzar y mantener el duelo, despedirnos de la persona querida y no llegar a despedirnos jamás.

Uno de mis mentores, el psiquiatra Milton Erickson, trabajó con una pareja que, tras haber estado intentando tener un bebé durante muchos años, cuando lo consiguieron el niño nació muerto. A causa de una condición médica, no era recomendable volver a intentarlo, por lo que el disgusto era doble. El doctor Erickson les sugirió, como actividad para superar el dolor, plantar un árbol en el jardín y llamarlo como hubiesen llamado al bebé fallecido. Les aseguró que, en los años futuros, para él sería todo un placer visitarles y tomarse una limonada bajo «la sombra de Elizabeth». Ésta era su manera de decir: «No olvidéis, honorad a vuestra hija y seguid adelante: habrá un futuro».

Como en cualquier otra crisis, si dejamos que una pérdida beneficie el resto de nuestra vida, sin dejar a su vez de sentir el dolor, nos ayudará a crecer como personas en un sentido tanto profundo como amplio. Esta opción es mucho más recomendable que estancarnos y tener miedo a amar y a arriesgarnos de nuevo.

Identidad / La crisis de los 40

He decidido unir las crisis de identidad con las crisis de los 40, pues pienso que son variaciones de un mismo tema. Ambas tienen que ver con el hecho de cuestionarse seriamente quiénes somos y qué será de nuestras vidas.

Los cambios de identidad parecen ser una parte necesaria y sana de la vida. Si se van dejando de lado o se niegan, pueden convertirse en crisis.

El autor Thomas Kuhn, en su libro *La estructura de las revoluciones científicas*, observa que los paradigmas científicos son bastante consistentes y, durante un cierto período, reciben el apoyo de casi todos los científicos; sin embargo, con el tiempo surgen nuevas observaciones y descubrimientos que no encajan en las creencias prevalecientes. Cuantos más descubrimientos y observaciones, más probabilidades habrá de que se acabe revisando la teoría. Primero, a los retos y las anomalías se los considera periféricos y de escasa importancia, e incluso pueden llegar a ser ridiculizados o negados. No obstante, con el tiempo, nociones que en su día habían parecido atrevidas, pasan a formar parte de la ciencia convencional.

> La crisis de los 40 es igual que la adolescencia, salvo que no nos aparecen granos en la cara y tenemos más dinero.
>
> HOWELL RAINES, *Fly Fishing Through Midlife Crisis*

Considero que las crisis de identidad funcionan del mismo modo. Aquellas cosas que no encajan en tu identidad predominante empiezan a acumularse y o bien llevan a una revolución interior, en la que lo nuevo toma el relevo a lo viejo —que en la mayoría de casos representa una vuelta a los orígenes—, o bien se recurre a una crisis exterior para suplantar nuestras antiguas identidades.

En 1964, el psiquiatra Kazimierz Dabrowski presentó por primera vez la teoría de la desintegración positiva, a través de la que daba a entender que sufrir una crisis es algo necesario que ayuda a las personas a seguir adelante y a pasar de una etapa de desarrollo a otra. Es como si toda una identidad tuviese que venirse abajo antes de que pudiese emerger la siguiente.

Pérdidas y crisis

- Tras una pérdida, ¿te ha ocurrido que has intentando cumplir con las expectativas de otros y has procurado satisfacer las ansias de éstos en vez de hacer lo que sabías o sentías que debías hacer?
- ¿Qué podrías hacer para ser fiel al recuerdo de la persona fallecida y, al mismo tiempo, seguir adelante?
- ¿Hasta qué punto te ha estancado esta pérdida, si es que así ha sido, y en qué modo crees que también podría servirte de ayuda?
- A partir de esta pérdida, ¿qué granito de arena podrías aportar al mundo?

Las épocas de cambios en el fluir de la vida dan pie a las crisis: cuando lo hijos se independizan, cuando terminamos los estudios de secundaria o los universitarios, cuando nos jubilamos, etc. ¿Por qué sucede? Pues porque estos cambios suelen requerir otro tipo de disposición u otro sentido de la propia identidad con el fin de poder pasar a estas nuevas etapas de la vida. Si te has encerrado demasiado en ti mismo, los requisitos del nuevo papel pueden llegar a abrumarte. La crisis servirá para liberarte o inspirarte para desarrollar la debida disposición así como una manera nueva de sentir tu identidad.

Las crisis de los 40 tienen sus características propias. La más destacable —más allá de las estereotipadas del coche deportivo rojo y la nueva novia joven, porque esta clase de crisis no las sufren solamente los hombres— es la sensación de dejar atrás una vida cuyo futuro ofrecía un sinfín de posibilidades y pasar a otra en la que se toma conciencia del límite del tiempo. En resumidas cuentas: «Si no lo hago ahora o pronto, quizá luego ya sea demasiado tarde». Esta manera de pensar otorga a las situaciones una sensación de urgencia y, por este motivo, muchas personas, cuando sufren una crisis al llegar a esta edad, suelen actuar precipitadamente.

En la encrucijada

- Del camino que es tu vida, ¿en qué punto te encuentras?
- ¿Dónde o cuándo decidiste cambiar de dirección en vez de seguir el camino que en principio habías pensado seguir?
- ¿Cómo puedes regresar al camino por el que se suponía que ibas a viajar?
- ¿En qué medida esta crisis de identidad o de los 40 puede convertirse en una renovación o recreación de tu identidad?
- ¿Qué aspectos ignorados de tu personalidad podrían renacer a partir de esta crisis de identidad?
- ¿Crees que podrías seguir cumpliendo tus actuales compromisos y responsabilidades y, al mismo tiempo, recuperar la pasión o las posibilidades que has perdido? Si es así, ¿de qué modo?

Dante dijo haberse encontrado «a mitad del camino de la vida en una selva oscura, con la senda derecha ya perdida». El cantautor Jackson Browne habla en uno de sus temas acerca del camino en el que se encontraba y de cómo éste se convirtió en el camino en el que se encuentra ahora.

A UN PERRO VIEJO SE LE PUEDEN ENSEÑAR TRUCOS NUEVOS: CAMBIAR DE IDENTIDAD INDEPENDIENTEMENTE DE LA EDAD

Una vez trabajé con una pareja en una situación muy delicada: hacía poco habían descubierto al marido travestido, es decir, llevando ropa de mujer en secreto. La mujer se enteró de que hacía ya varios años que su marido estaba llevando a cabo esta práctica en habitaciones de hotel en las que se alojaba durante una noche. Sus actividades salieron a la luz cuando empezó a salir a la calle vestido de mujer y fue reconocido por un amigo de la pareja. La mujer estaba desesperada y le dijo que o dejaba de hacerlo o acabaría no solamente con su trayectoria profesional, sino también con el matrimonio. Pese a que se sentía avergonzado y deseaba parar, afirmó estar totalmente esclavizado por esa actividad. De hecho, a mí me dijo: «A un perro viejo no se le pueden enseñar trucos nuevos». No quería perder a su mujer, pero se sentía incapaz de cambiar.

Al explorar más detenidamente su «adicción», supe que se trataba de un hombre de negocios muy conocido en su zona y que tenía fama de agresivo. Ponerse ropa de mujer, pues, le ayudaba a entrar en contacto con su lado más dócil y «femenino». En sus años de juventud, existía una enorme dicotomía entre hombres y mujeres. Yo le expliqué que cuando empecé la universidad, me había dejado el pelo largo y los granjeros que vivían en la zona, desde sus furgonetas, me arrojaban latas de cerveza y me gritaban: «¡Hola, niñita!». Ahora me sorprende ver a muchos de esos granjeros con el pelo mucho más largo del que llevaba yo entonces. Nuestra cultura ya no está tan obsesionada con esa dicotomía tan tajante por lo que se refiere a rasgos y aspecto femenino y masculino. Cuando esta persona fue joven, esta dicotomía era muy pronunciada y él entró en el juego.

Así pues, empezamos a explorar otras vías para que siguiese en contacto con su lado más dócil. Cuando lo discutíamos, le pregunté en qué aspecto notaba que se mostraba más explícitamente cariñoso, y me respondió que criaba perros de competición. Me dejó pasmado. «Eres un experto —le dije—. Entonces, ¿crees que es cierto que a un perro viejo no se le pueden enseñar trucos nuevos? ¿No será esto un mito?» Y me respondió que ciertamente era un mito. «Muy bien, pues enseñémosle a este perro viejo unos cuantos trucos nuevos», le sugerí. Así pues, diseñamos entre los dos un plan de transición que le permitiría llevar ropa interior femenina bajo su traje y, de este modo, conseguir integrar este aspecto personal en su vida cotidiana, con el fin de que la dicotomía en su vida actual fuese menor. De hecho, su mujer se mostró de acuerdo con el plan, ya que, salvo ella, nadie lo iba a saber. A esta persona cada vez le resultó más fácil integrar su lado más dócil en su trabajo cotidiano, en su matrimonio y en su personalidad.

Ten en cuenta estas preguntas:

- ¿Qué es lo que siempre quisiste hacer pero finalmente decidiste que ya era demasiado tarde?
- ¿Qué paso podrías dar para acercarte a la renovación o al redescubrimiento de algún sueño perdido, aspiración o pasión?

Antes se daba por sentado que, una vez superada la adolescencia, la personalidad quedaba más o menos fijada. Sin embargo, ahora sabemos que las personas pueden seguir —y a menudo siguen— pasando por distintas facetas a lo largo del ciclo vital. Recuerdo haber escuchado una entrevista con el polémico pedagogo John Holt, quien dijo que a los 40 años decidió aprender a tocar el violonchelo, en gran parte por la admiración que sentía hacia Pau Casals. De niño, Holt jamás había asistido a clases de música y algunos amigos le advirtieron que iba a ser imposible aprender a esas alturas. Sin embargo, Holt insistió. En la entrevista tocó una pieza y me pareció que lo hacía bastante bien.

7

Cómo ayudar a un ser querido a superar una crisis

Tarde o temprano, alguien a quien quieres se vendrá abajo o experimentará una crisis. Para poder ayudarle, quizá te veas obligado a seguirle la corriente, pero a su vez déjale bien claro que, en el caso de que te vaya a necesitar, ahí estarás. Asimismo, ciertos modos de proceder no son recomendables y es mejor andar con cuidado.

Tener paciencia

Cuando un ser querido atraviesa una crisis, lo primero que debemos entender es que se encuentra en una situación de caos, por lo que le resultará difícil expresar lo que le ocurre. Puede que al cabo del tiempo logre encontrar una manera de expresarlo y a su vez encajarlo en su vida, aunque esto es algo que requiere tiempo. Así pues, si puedes, procura tener paciencia y no presiones demasiado a esa persona para que te explique lo que le sucede. En *Alias Grace*, la escritora Margaret Atwood destaca la importancia de la paciencia y del tiempo: «Cuando nos encontramos en medio de una historia, ésta no es ninguna historia, sino solamente confusión; un rugido negro, ceguera, cristales hechos añicos y astillas de madera; somos como una casa en medio de un vendaval, o como un barco aplastado por icebergs o engullido por unos rápidos, y no hay nada que pueda detenerlo. Sólo después todo esto se convertirá en historia. Cuando lo contemos, ya sea a nosotros mismos o a alguien». Quizá si la persona que sufre la crisis tiene tiempo y espacio para entender lo que le ocurre y hablar de ello, ya sea con ella misma o con otra persona, la historia empezará a ser más coherente y se entenderá mejor.

Otra razón para tener paciencia es que así todas las crisis, aunque puede parecer que vayan a durar toda la vida, suelen tener una duración limitada.

Asimismo, por mucho que desees que esta situación llegue a su fin o se solucione, no se terminará hasta que tenga que terminarse. Según un dicho zen, al río no se le puede empujar, fluye por sí solo. Las crisis tienen su propio ritmo y su tiempo.

Hay una historia que cuenta que un niño encontró una mariposa que luchaba por salir de su capullo. La mariposa todavía no tenía forma y a sus alas, que se habrían desarrollado si no hubiese querido salir del capullo prematuramente, les faltaba fuerza, así que al final cayó y murió. A veces, la lucha hace que la persona que atraviesa una crisis encuentre el lugar en el que debe estar. Una rendición prematura puede impedir la superación y el logro de los beneficios finales. Por muy difícil que resulte dejar algo de lado, hacerlo puede ser crucial.

Mi padre, que educó a ocho hijos, una vez me contó que su labor de padre le había enseñado algo que le había costado muchos años aprender. Me dijo: «Cada uno de vosotros tuvo que darse contra un muro, tuvisteis que equivocaros y tomar la dirección equivocada una y otra vez. También tuvisteis que experimentar las consecuencias de vuestras elecciones con el fin de aprender qué era la responsabilidad y lo que más os convenía.

Como padre, me resultaba muy difícil no intervenir ni poder deciros nada, algo que hice con los primeros hijos y que sólo sirvió para empeorar la situación. Sin embargo, con el tiempo, comprendí que teníais que aprender las cosas por vosotros mismos. Cada vez que os veía sufrir o equivocaros me dolía en el alma, pero aprendí a no decir nada y a dejar que vosotros mismos aprendieseis a resolver la situación, a daros contra el muro».

Ésta es una lección que también toma en consideración el grupo Alcohólicos Anónimos. Las personas próximas o que quieren a alguien que bebe demasiado a menudo ven que involuntariamente van convirtiéndose en parte del problema y tienen que aprender a dejarlo de lado.

Al sufrir una crisis, la persona a quien quieres debe darse contra su propio muro sin estar tú ahí para amortiguarle el golpe y las consecuencias.

No cabe duda de que existe un equilibrio muy sutil entre controlarles y amortiguarles el golpe del aprendizaje a partir de la experiencia y el hecho de hablarles acerca de las preocupaciones que sientes ante el modo en que están llevando la crisis. Puede que tomen decisiones atrevidas y miopes o que se tomen demasiado a pecho una decepción momentánea sobre algún aspecto de su situación actual. Como persona ajena a la crisis, puedes hacer que la persona que se encuentra sumida en ella entre en contacto con la realidad. Eso sí: deberás saber llevar una conversación y no caer en la tentación de controlar lo que está haciendo o comportarte de modo desagradable. Puedes convertirte en la persona que piensa a largo plazo y, desde la perspectiva, ayudar a que quien sufre la crisis module sus extremos en la medida en que sea posible.

Tampoco debes convertirte en un muro. Debes aceptar el lugar en el que se encuentra esa persona, así como lo que está pasando, sin convertirte en víctima de ello. En este sentido, como terapeuta suelo hacerles una distinción crucial a mis pacientes: podemos sentir y pensar lo que sea, pero debemos ser muy cautelosos con nuestras acciones, ya que éstas tienen consecuencias reales que recaen sobre nosotros y sobre otras personas. Considero que es positivo establecer límites en aspectos que podamos considerar intolerables: no tenemos por qué dejar que abusen de nosotros o que luego se excusen si alguien no se ha comportado debidamente con nosotros. Por mucho que estén pasando por una mala época, jamás deberían tratar mal a nadie ni comportarse con maldad. Determina, pues, hasta dónde llegan tus límites y apártate si tienen contigo un comportamiento que te hace sufrir demasiado o te hace estar más ansioso de la cuenta.

A menudo, la persona que atraviesa una crisis dirá que el problema lo tiene su pareja y que la solución es dejarla y terminar con la relación. Si bien es cierto que podrías utilizar la crisis como la oportunidad para realizar un examen de conciencia, ten cuidado si tu pareja te culpa de todo. Si crees que lo necesitas, acude a un profesional que te asesore sobre ti mismo y la relación.

También ocurre a menudo que la crisis que atraviesa una persona incide en su pareja y provoca que ésta también termine sumida en una crisis. Si tu pareja está cambiando o no se comporta como solía hacerlo, es normal que te cueste desenvolverte como siempre lo has hecho. Así pues, podrías aprovechar la crisis que tu pareja esté sufriendo para volver a analizar y desafiar tus propias pautas.

Saber escuchar

A mediados de la década de 1990, a mi mujer, Steffanie, le diagnosticaron una disfunción aguda del sistema inmunológico de carácter neurodegenerativo que además ponía en peligro su vida. En 1997 ya estaba postrada en la cama, demacrada y consumida, y sufría además dolores extremos. Los médicos no acababan de encontrar el tratamiento efectivo y muchos de ellos incluso tiraron la toalla. Steffanie estaba abatida y bastante segura de que iba a morir, sufría tanto dolor que a menudo deseaba que llegase el final.

Sin embargo, quizá porque soy alguien que suelo buscar soluciones, y además soy hombre, yo quería arreglar las cosas o, por lo menos, hacer que mejorasen. Asimismo, había crecido en una familia en la que la norma tácita era no ponerse enfermo. Mi madre, que siempre había vivido en un entorno rural, no sentía simpatía alguna por las enfermedades. De hecho, teníamos que encontrarnos en nuestro lecho de muerte para no ir al colegio. Quedarnos en casa significaba estar sin televisión y sin amigos que viniesen a jugar con nosotros al salir de clase. Cuando nos poníamos enfermos, mi madre tenía la costumbre de dejarnos un refresco y algunas galletas en la mesilla de noche y luego pasaba a vernos de vez en cuando para comprobar que seguíamos vivos. Nada de médicos ni de medicamentos. Era como si mostrar empatía en estas situaciones significase reforzar la enfermedad o mimarnos, lo que, según ella, podía traducirse en más días en la cama. De pequeño me ponía enfermo con frecuencia, pero pronto lo superé. Inconscientemente, debo de haber adquirido la misma actitud que mi madre, porque luego, en mis relaciones posteriores, cuando mi pareja se ponía enferma la dejaba sola y le mostraba muy poco afecto. Este hecho siempre comportaba conflictos. Así pues, cuan-

173

do Steffanie enfermó seriamente, para mí fue todo un reto dejar atrás esta pauta.

Enfrentándome a su más absoluta impotencia, le decía cosas como: «Tiene que haber una solución y vamos a encontrarla», o: «Todo va a salir bien y tú no vas a morir». Steffanie me contestaba que con esas palabras no hacía más que empeorar la situación y que se sentía muy sola. Ahora creo que de algún modo yo temía que, si aceptaba su punto de vista, la estaba condenando y entonces acabaría perdiéndola. Mi experiencia me decía que si no encontraba argumentos alternativos, estaría reforzando el dolor y la impotencia.

Más o menos en esa época, vimos una película llamada *Más allá de los sueños*, en la que Robin Williams hace el papel de un hombre cuyos hijos han muerto y cuya mujer se culpa de ello, porque trabajar en la galería de arte le impidió ir a buscarlos al colegio y murieron en un accidente de coche de camino a casa. Williams intenta llevarlo lo mejor posible; en cambio, ella se derrumba, intenta suicidarse y termina en un psiquiátrico. Lo que desea es rendirse y morir. Un día, cuando él acude a visitarla, le cuenta que ha comprendido que la ha dejado sola ante el dolor porque había creído que era su deber hacer de tripas corazón y animarla para que no se culpase. Entonces le dice que está dispuesto a solicitar el divorcio y a irse, si así lo desea ella. Asimismo, le cuenta que había hablado con sus compañeros de la galería de arte y les había dicho que, si ella volvía al trabajo, sería señal de que aceptaba no ser culpable de la muerte de sus hijos. Los compañeros le respondieron que ésta era una idea descabellada; que no cabía duda de que ella no tenía culpa alguna de lo sucedido. Él les contestó que de hecho no lo habían entendido: si alguien cree que algo es cierto, entonces para él es cierto y basta. Cuando ella entiende, gracias a él, que los compañeros de la galería comprendieron que los sentimientos de responsabilidad de ella eran legítimos, se da cuenta de que él no va a abandonarla porque ha dejado de intentar convencerla de que no es culpable. Entonces decide que quiere seguir viviendo.

Cuando Steffanie y yo hablamos después de haber visto la película, me di cuenta de que con mi actitud positiva inflexible yo también había dejado a Steffanie sola con su dolor. Al cabo de poco tiempo, al llegar un día a casa después de una clase, me dirigí a nuestra habitación y simplemente me tumbé a su lado y la abracé. Luego me dijo que ésa había sido la primera vez que no se había sentido sola ante la impotencia y el dolor. Asimismo, comprendí que aunque me uniera a su dolor y a su impotencia no tenía por qué haber perdido la esperanza. Al cabo de un tiempo empezó a hablarme de planes de futuro así como de otras cosas que indicaban que no había perdido la esperanza. Confié, pues, en que estar pendiente de su desesperación no excluía la esperanza. Ya no tenía por qué hablarle de esas esperanzas; podía simplemente retenerlas en silencio mientras me unía a su dolor. Así pues, empecé a mantener a raya mi propia ansiedad y a estar más presente en su experiencia. Mientras escribo esto, Steffanie todavía está viva y me dice que ahora no se siente tan sola, pese a que estoy muy lejos de haber alcanzado la perfección a la hora de escucharla.

Steffanie y yo preparamos una lista de ideas que pueden serte útiles para aprender a escuchar más profundamente y ser de ayuda a tu pareja, tus amigos o familiares cuando estén atravesando una crisis.

Date cuenta de lo que funciona y de lo que no funciona en una persona, en una relación o en una crisis

He escrito varios libros sobre la práctica de terapias enfocadas a la búsqueda de soluciones para los problemas de relaciones. Adoptar este enfoque no tiene ninguna complicación: consiste en descubrir qué es lo que funciona y ponerlo en práctica en la medida de lo posible y, asimismo, dejar de lado lo que vemos que no funciona. Hace algunos años, aprendí una manera de pensar relativa a crear cambios y basada en la idea de que, a veces, nuestras ganas de solucionar un problema se convierten en el problema. Por ejemplo, intentar animar a tu cónyuge puede hacer que termine todavía más deprimido; intentar evitar una discusión puede llevar a una discusión, etc.

Asimismo, tendemos a acogernos a nuestras explicaciones para entender las acciones de los demás y, a partir de este punto, empezamos a verlas a través de las lentes de nuestra teoría. Este hecho provoca que, al estar tan centrados en poner en práctica nuestras ideas, muchas veces no seamos capaces de ver lo que verdaderamente funciona.

Una vez trabajé con una pareja que llevaba casada muchos años y siempre había encontrado vías para hacer que la relación funcionase. Sin embargo, desde hacía un tiempo, estaban tan ocupados con los niños y tenían tanto trabajo que no habían podido prestar atención a los problemas menores y éstos se estaban enquistando y estaban creciendo cada vez más. La mujer se había planteado el divorcio, una opción que en el fondo no deseaba. Pero el marido había empezado a adquirir la costumbre de irse de la habitación cada vez que ella sacaba un asunto espinoso, diciendo que él ya tenía bastante con los problemas que tenía que solucionar a lo largo del día y que lo que quería en casa era «apoyo».

176

ESCUCHA CON ATENCIÓN
Steffanie y Bill O'Hanlon

- Muéstrate sensible ante el dolor y sufrimiento por el que pueda estar pasando una persona, en vez de irle con historias positivas, intentar «solucionar» la situación o darle consejos. Muéstrate dispuesto a no actuar y limítate a estar con esa persona, abrazarla y reconocer su dolor y sufrimiento.
- Puede ser una experiencia enormemente terapéutica para una persona que sufre poder contarle a alguien sensible lo que le sucede. Presta atención a su historia y experiencia en vez de expresar tu opinión.
- Sé consciente de la predisposición que, debido a una cuestión cultural, muchos de nosotros tenemos hacia las historias felices y positivas. Procura no cambiar, reescribir, descontextualizar o invalidar la historia de quien sufre con el fin de darle ánimos y hacerlo feliz.
- Sin ser condescendiente, congratúlalo por sus esfuerzos, sean estos grandes o pequeños, y por su entereza o fuerza a la hora de afrontar los desafíos.
- Mantén un pie en el reconocimiento y otro en las posibilidades, pero no pretendas estar siempre hablando de éstas.
- Evita los tópicos:

  «Dios no va a darte más de lo que puedes soportar».
  «Todo va a ir bien.»
  «Vas a recuperarte.»

- Evita las expresiones simplistas:

  «¿Qué hiciste para que te ocurriese esto?».
  «Me pregunto si esta experiencia va a enseñarte algo.»
      (Puede ser que aprendan del dolor y la crisis, pero dejarlo entrever equivale a reducir la complejidad de la situación e imponer un sentido.)
  «¿Qué parte de ti se beneficia de este sufrimiento?»

- Habla de la complejidad de la situación a través de aparentes contradicciones:

  «No puedes seguir sufriendo así y no quieres morir».
  «Quieres rendirte y no quieres rendirte.»
  «Quieres que nos separemos y quieres que sigamos juntos.»

Cuando les pregunté cuándo y dónde conversaban mejor, ambos recordaron que las mejores conversaciones las habían tenido en coche, en el viaje que solían hacer cada año sin los niños. El año anterior no habían podido hacerlo a causa de la muerte de un familiar y desde entonces todavía no habían planeado nada. Así pues, decidieron adelantar el viaje e irse ese mismo mes. Durante el viaje encontraron los momentos para hablar de la situación entre ambos. Luego me contaron que el hecho de que él condujese y que no pudiese distraerse era la clave. En casa, se iba de la habitación, desviaba la mirada hacia la televisión o se distraía cuando oía que los niños se peleaban. En cambio, en el coche ella se convirtió en el centro de atención.

Ella hubiese podido elaborar toda clase de teorías sobre el hecho de que él la evitaba, su miedo a la intimidad, el final inminente del matrimonio, etc.; él hubiese podido llegar a la conclusión de que ella no lo entendía ni tampoco entendía la presión a la que estaba sometido, que la relación iba a la deriva, etc. Pero en cambio encontraron una vía que funcionó y la pusieron en práctica para que la situación mejorase.

1. Date cuenta de lo que funciona en tu relación y que tenga que ver con la crisis. A partir de ahí, haz hincapié en ello:

   ¿Cuál es el momento más adecuado para hablarlo?
   ¿Cuál es el lugar más adecuado?
   ¿Cuál es el modo más adecuado de responder a la persona?
   ¿Cuál es el modo más adecuado para lograr su complicidad?
   ¿Qué es lo que te ayuda a entender a esa persona?
   ¿Qué es lo que te ayuda a comprenderte a ti mismo?

2. Date cuenta de lo que no da resultado, aunque estés convencido de que debiera darlo, y trata de evitarlo:

   ¿Qué momento es el menos adecuado para hablar?
   ¿Cuál es la manera menos adecuada y más defensiva de hablar a esa persona?
   ¿Cómo puede producirse un distanciamiento o una desconexión de esa persona?
   ¿Qué es lo que más probablemente te lleve a no entender a esa persona o que ella no te entienda a ti?

¿Cuál es el tamaño de tu cuenco?

Hace algunos años, cuando me estaba preparando para ejercer de asesor matrimonial, fui con un amigo a la fiesta de un matrimonio que celebraba sus bodas de oro. Se trataba de una pareja de septuagenarios que daba la impresión de estar todavía muy enamorada y llena de vitalidad, tanto individualmente como juntos.

Al cabo de un rato, coincidió que la señora y yo nos sentamos uno al lado del otro y empezamos a charlar. En algún momento de la conversación le dije que era asesor matrimonial y le pregunté si me podía revelar el secreto del éxito y la felicidad de su matrimonio. Su respuesta fue: «He estado casada con cinco maridos distintos».

Me quedé de piedra. «¿Me está diciendo que uno debe pasar por varias relaciones para darse cuenta de cuál es la correcta?», respondí.

«No, no —me contestó—. Siempre he estado casada con el mismo hombre, sólo que ha sido como tener cinco relaciones distintas. De recién casados, mi marido era romántico y muy idealista. Luego, al cabo de unos años, ya poco tenía que ver con el hombre con quien me había casado: se había obsesionado con el trabajo y el éxito. Echaba mucho de menos al hombre con quien me había casado. Sin embargo, aprendí a querer a este marido. Luego vinieron los niños y pasó a ser más padre que marido. Echaba de menos a ese segundo marido a quien había aprendido a querer. Luego él atravesó aquello que vosotros, los jóvenes, llamáis la "crisis de los 40", sólo que por aquel entonces todavía no tenía denominación. No voy a detenerme en los detalles, pero le aseguro que en ciertos momentos llegué a odiarle. Luego aprendí de nuevo a querer a ese marido. Luego se jubiló. Nuestros hijos ya se habían hecho mayores y se habían independizado, por lo que también tuve que aprender a querer esa nueva versión de mi marido. Mírelo ahora.» Ambos dirigimos nuestras miradas hacia él, que se encontraba en la otra punta de la sala charlando animadamente con alguien. «Mire las carnes que le cuelgan de los brazos y las arrugas que tiene en la cara. No cabe duda de que con ese hombre yo no me casé. Pero también aprendí a quererlo. Todo esto quizá fuese tan duro como cinco divorcios, ya que fue como tener que adaptarme a cinco maridos distintos. Pero ahora nuestra relación es mucho más rica que si nos hubiésemos rendido ante el primer bache en nuestro amor.»

No cabe duda de que esta señora tenía lo que yo llamo «un cuenco bien grande», es decir, la capacidad para contener una relación completa y cambiante con su marido.

¿Cuál es el tamaño de tu cuenco? ¿Cuánto cabe en tu relación? Y con esto no pregunto hasta qué punto puedes tolerar los abusos, sino hasta dónde puedes dar y hasta qué punto estás comprometido en tu relación.

Piensa en tus amistades. Con algunos de tus amigos eres muy tolerante y te comprometes mucho. En cambio, con otros más bien te sucede lo contrario. Si un amigo íntimo se va a vivir a otro lugar y se pasa medio año sin llamarte, ¿todavía le sigues considerando tu amigo? En algunos casos sí, mientras que en otros no. Tener ese tipo de compromiso para con algunas personas viene a decir que tu cuenco tiene más capacidad con ellos. Uno de mis amigos más íntimos se pasó un año sin escribirme y, cuando lo hizo, le llamé y le sermoneé sobre la necesidad de estar en contacto. Con otros ni me hubiese preocupado: simplemente me hubiese rendido.

¿Qué es lo que tiene cabida en tu cuenco o hasta qué punto puedes comprometerte en una relación? ¿Cómo actuarías en el supuesto de que tu cónyuge dejase el trabajo? ¿Y si te fuese infiel? ¿Y si tu mujer es captada por una secta o se convierte al fundamentalismo? ¿Aguantarías hasta ese punto? Como ya he dicho anteriormente, no pretendo que te conviertas en ninguna víctima. ¿Llevarás a cabo la lucha justa por salvar la relación? ¿Sabrás estar en tu lugar en fases y épocas adversas? Yo creo que existen razones justificadas y universales para romper un compromiso. Éste sería el caso de la violencia reiterada. Sin embargo, dichas razones son más bien escasas: cada uno debería saber cuándo es el momento de zanjar un compromiso.

Una vez leí un libro cuya premisa era que si no podías llegar a odiar a tu cónyuge, en realidad no lo querías. No estoy de acuerdo con la universalidad de esta premisa; sin embargo, creo que a su vez contiene algo importante: si dejas espacio para fases, contradicciones y sentimientos varios, tu cuenco llegará a ser lo suficientemente grande como para que en él quepa casi todo lo que tenga lugar. Según mi propia experiencia, creo que cuanto más grande es el cuenco, más duradera será la relación.

Las crisis son oportunidades para probar lo que hay en tu cuenco y, si es necesario, agrandarlo.

Recuerda que, pase lo que pase en tu relación, debes estar bien contigo mismo

Hay personas que han colocado todos sus huevos en el cesto de la relación y cuando estalla una crisis tienen la sensación de que todo les va a ir mal. Así pues, debes acordarte de que antes de esta relación tenías una vida y que puedes aprender a estar bien sin la relación, especialmente en el caso de que tu pareja esté perdiendo la integridad, actúe con maldad, se distancie, parezca confundida o deje de tenerte en cuenta a ti o a vuestra relación.

Encuentra el modo de preocuparte por ti y recordarte que vale la pena ser como eres

- Ponte en contacto con amigos.
- Recupera tus antiguas aficiones y pasiones o descubre otras.
- Iníciate en la meditación.
- Reza.
- Escribe en un diario.

- Haz algo que, pese a que pueda no gustarle a tu pareja, no sea malo o perjudicial, como en el caso de Jenny, que vimos en las págs. 141-143.
- Vuelve a leer los libros que más te gustan, alquila y ponte a ver tus películas favoritas, etc.
- Vete de viaje, sal a pasear o haz cualquier otra cosa que te aleje de la situación durante un tiempo.

Un apunte final

En este capítulo sobre todo he hablado de las relaciones de pareja, pero mucho de lo que he escrito es válido para cualquier se querido que esté pasando por una crisis, sea éste un hijo, un amigo, un familiar o un compañero de trabajo.

8

Venirse abajo: aspectos clave para sacar provecho de las crisis
Y *cómo evitar crisis innecesarias*

Existen estudios dentro del campo de las ciencias sociales que sostienen que las crisis y las tragedias pueden comportar resultados positivos. En este sentido, incluso se ha llegado a desarrollar una escala para medir los beneficios obtenidos a partir de un acontecimiento negativo. Muchos estudios han detallado toda una gama de cambios beneficiosos en la vida de una persona y de efectos positivos fruto de tragedias como un infarto, un cáncer, un incendio, la muerte de un ser querido, las enfermedades crónicas, una violación o los desastres naturales. Asimismo, también existen pruebas de que quien atraviesa una crisis no suele volver a pasar por este tipo de experiencia. Existe un estudio que demuestra que los supervivientes de infarto, al cabo de ocho años de haberlo sufrido, tienen menos probabilidades de volver a sufrir otro y más de encontrarse en un estado de salud mejor si han percibido los beneficios tras pocas semanas de haber sufrido el infarto.

Una perspectiva distinta de las crisis

Estoy convencido de que las personas estamos capacitadas para superar las crisis y los malos momentos y mejorar y crecer a partir de este tipo de experiencias. Casi todo el mundo hace cuanto puede para evitar esas situaciones, porque, en la mayoría de los casos, nos avergonzamos de ello. Quizás a raíz de esta idea, se suele pensar que crisis equivale a fracaso. Personalmente entiendo que las crisis son un aspecto muy normal y previsible de nuestras vidas y asimismo considero que, según la opinión que tengamos de ellas, nos costará menos superarlas e incluso podrán adquirir un cierto valor. No es que esté diciendo que sean experiencias divertidas, ni siquiera «buenas», por las que las personas deberían pasar, pero creo que pueden ser muy valiosas y que si tenemos que pasar por una crisis, probablemente sacaremos algo bueno de ella. Que una crisis nos aplaste o nos empequeñezca guarda relación con el hecho de que las entendamos como un aviso o no. Las crisis son avisos potenciales para una

186

nueva vida, dan un nuevo sentido o dirección a nuestra identidad; pero esto solamente será así si prestamos atención dichos avisos.

Un ejercicio: escribe tu historia a partir de los momentos cruciales

Inténtalo. Escribe tu biografía de forma breve, poniendo de relieve los momentos cruciales, las crisis por las que has pasado, las opciones por las que te has decantado y los caminos que has decidido tomar. Éste es un ejercicio que puede aportarte una perspectiva sobre las crisis por las que hayas podido pasar y mostrarte lo que debes hacer para prevenir posibles situaciones similares en el futuro.

Ante una crisis podemos reaccionar de dos modos: creciendo y expandiéndonos, o alejándonos de la verdad sin aceptar el desafío y, como resultado, estancándonos. Se trata, pues, de la opción que uno mismo tome. Nadie puede decidir el camino por nosotros, pero si finalmente te decantas por la segunda opción, es decir, el camino hacia el estancamiento, puedo adelantarte que tendrás que pagar un precio por ello. Para empezar, este precio consistirá en una disminución de tu vitalidad y, con el tiempo, en la aparición de una nueva crisis aún más grave, cuyas consecuencias hubiesen podido evitarse a lo largo del camino. Esta vez se tratará de una crisis que, muy probablemente, te tomará por sorpresa, tanto a ti como a los que te rodean.

Experimentar una crisis positiva: la diferencia entre estrés y éxito tras un trauma

¿Qué es lo que debe hacerse para que una crisis resulte positiva?

Una de las posibilidades es aprovechar la crisis como oportunidad extraordinaria para autoanalizarte e identificar en qué punto y cómo te has apartado de la vida que te convenía y que ha provocado que, de algún modo, terminases distanciándote de tu propio ser.

Otra es entender las crisis como si de un umbral se tratase; es decir, durante un breve período nos encontramos entre dos mundos: uno que todavía no ha desaparecido y otro que está por llegar. Han vuelto a barajarse las cartas y ha surgido una oportunidad para que consigas una nueva mano. Éstas son también oportunidades extraordinarias, ya que la vida suele consistir en una rutina en la que no resulta fácil desafiar nuestras propias pautas ni nuestra seguridad. En cambio, una vez que estos dos aspectos ya se han visto afectados por la crisis, cuesta menos llevar a cabo cambios importantes o difíciles. De hecho, podrías estar desaprovechando una oportunidad que no se presenta todos los días, ideal para introducir cambios difíciles y necesarios. Cuando tenemos la vida estabilizada y todo funciona adecuadamente, a casi todos nos cuesta más examinarnos la conciencia y cambiar de rumbo. La seguridad y el miedo a lo desconocido tienen mucha fuerza y nos invitan a que permanezcamos allí donde nos encontramos y a despreocuparnos. Cuando llega la crisis con los consiguientes sentimientos de dolor e inestabilidad, al tener menos que perder, estamos ante una oportunidad para introducir estos cambios tan difíciles y aceptar esas verdades que tanto nos cuesta admitir.

Podemos hacer que las crisis se conviertan en valiosas experiencias si seguimos los pasos de lo que yo llamo «las tres Ces»: *Conexión, Compasión* y *Contribución.*

Si sufres una crisis que te devuelve algún aspecto de ti mismo que habías dejado de lado, puede tratarse de una experiencia positiva. Asimismo, si la crisis te acerca a otras personas o al mundo, también puede reportarte beneficios. Pero si en cambio hace que te apartes o cortes las conexiones contigo mismo y con quienes te rodean —a no ser que dichas conexiones fuesen perjudiciales—, lo más seguro es que vayas en dirección al estrés postraumático. Esta retirada, en vez de ayudarte a expandirte y a crecer, provocará que te estanques. La crisis, en lugar de servirte para encontrar una nueva dirección o situarte de nuevo en el camino que habías perdido, provocará que te pares.

Tengo un amigo con quien, de jóvenes, a menudo nos juntábamos para tocar la guitarra. Él lo hace muy bien y además es muy buen cantante, por lo que nos lo pasábamos en grande cuando quedábamos. Yo suelo viajar para dar seminarios y él vive en una gran ciudad a la que voy una o dos veces al año, así que siempre procuraba visitarle y quedarme con él un par de días cuando me encontraba en esa zona. Él tenía un muy buen trabajo que le mantenía muy ocupado y con el que se ganaba muy bien la vida. Cada vez que iba de visita, ya tenía la guitarra lista para ponerse a tocar. Sin embargo, en el transcurso de estos últimos diez años, cada vez le costaba más sacar la guitarra y se quejaba de que no tenía tiempo para tocarla. Me decía que le faltaban cuerdas o que zumbaban porque rozaban con los trastes. Así que, cuando podía, me presentaba con mi guitarra para poder tocar y ponernos a cantar juntos. Hace unos años, en una de mis visitas, no le di importancia al hecho de que hubiese sacado su guitarra. En este viaje, dormí en su casa después del seminario y desayunamos juntos antes de que yo me fuese al aeropuerto. Pese a que en su momento ni siquiera me percaté de ello, de todas las veces que lo había visitado, se trataba de la primera que desayunábamos juntos, ya que, por norma general, solía madrugar y marcharse al trabajo mucho antes de que saliese el sol. Ese día, mientras desayunábamos, me contó que lo acababan de despedir y que no me lo había contado antes porque se avergonzaba de ello. Entonces entendí por qué había sacado la guitarra.

Este amigo mío no tuvo que ponerse a reflexionar sobre lo que faltaba en su vida cuando le llegó la crisis. La guitarra vino sola. Así que volvió a ella, a un aspecto de su vida que había estado ignorando.

COMPASIÓN

¿Sufrir una crisis te ha vuelto más sensible y ha hecho que estés más por los demás o te ha convertido en una persona más crítica, cínica y distante?

El Talmud dice que la forma más elevada de sabiduría es la bondad. Al atravesar una crisis, no resulta nada difícil volvernos cínicos, críticos o distanciarnos de la gente.

A veces pienso que el proceso de desarrollar más compasión hacia uno mismo o hacia los demás es algo que nos «enternece». Si puedes acordarte de una época en la que te comportaste más dócilmente respecto a alguna postura dura que habías mantenido hacia ti mismo o hacia otra persona, entonces podrás recuperar esa docilidad en la situación actual.

La etimología de la palabra *compasión* apunta hacia esa dirección: pasión equivale a sentir, mientras que el prefijo *com* significa «con»; así pues, estamos hablando de sentir *con* en vez de *contra*.

¿La crisis te ha acercado al mundo para que contribuyas en él o ha provocado que te alejases y que pierdas cualquier esperanza sobre lo que todavía hay por hacer? Si te ha acercado al mundo y ha hecho que de algún modo contribuyeses, lo más probable es que se trate de una crisis positiva. Si en cambio no ha sido así, lo más seguro es que la crisis haga que durante un tiempo vayas reciclando el veneno provocado por el trauma.

Aparte de las tres C, ¿la crisis ha hecho que volvieses a replantearte las grandes preguntas de la vida? Es decir: ¿quién soy?, ¿cómo he vivido hasta ahora?, ¿cuál es el sentido de la vida?, ¿qué es lo que vale la pena hacer?, ¿cuáles son los valores correctos en esta vida?, ¿cómo debería vivir el resto de mi vida?, ¿estoy viviendo como se supone que debería hacerlo o me he perdido?

Hacernos estas preguntas puede devolvernos a nuestra auténtica esencia y ayudarnos a comprender en qué consisten nuestras vidas.

Qué hacer para que una crisis sea positiva

- Expándete y crece en vez de ir encogiéndote.
- Entiende estas circunstancias como un período para reexaminar y redirigir tu vida en vez de entumecerte o de darle más vueltas.
- Empieza a decir la verdad y a afrontar las mentiras, el autoengaño y la falta de sinceridad.
- Intenta recuperar aspectos ignorados o de los que tú y tu vida carecéis.
- Incorpora los debidos cambios y procura que éstos sean permanentes, no provisionales.

- Encuentra tu propia voz y sensibilidad, confía en estos aspectos y aprovéchalos.
- Entra en contacto contigo mismo y con los demás.
- Desarrolla la sensibilidad hacia ti mismo y hacia los demás.
- Pon tu granito de arena en el mundo o ayuda a los demás.

Qué hacer para evitar crisis y situaciones innecesarias

Pese a que creo que es imposible evitar todas las crisis, sí es cierto que algunas de ellas pueden prevenirse. La siguiente lista la he elaborado yo mismo y se trata de consejos para evitar cualquier crisis innecesaria.

Cómo evitar crisis innecesarias

- Presta atención si recibes el aviso de un problema o de alguna pauta arraigada que no te ayude y ponte en acción antes de que vuelvas a caer en costumbres poco aconsejables para vivir y salir adelante.
- Búscate lugares y momentos para escuchar tu voz interior.
- Comprométete, pero sin comprometer tu integridad o valores principales.
- Renuévate con asiduidad.
- Si llegas a un período que supone un cambio en el desarrollo de tu vida, deja atrás tus viejos hábitos y deja espacio para que entren los nuevos. Desarrolla así un nuevo sentido de tu persona.
- Enfréntate con rigor a aquello que es cierto sobre ti y sobre el mundo, pero hazlo sin abandonar las esperanzas: conviértete, pues, en una persona optimista convencida y mantente así.

La siguiente pregunta es la que me planteé tras cada una de las crisis y malos momentos por los que pasé: «¿Qué es lo que da vida y chispa a tu alma pero de lo que has terminado apartándote y ahora debes recuperar?».

Espero que hayas entendido este libro como un mapa de carreteras y que te sirva de guía en el caso de que pases por una crisis o te encuentres ante una adversidad. He querido mostrarte por qué una situación de estas características tiene sentido y por qué, si no te estancas ni permites que la crisis acabe contigo, te comportará toda una serie de beneficios. Espero también que tú mismo tengas ideas para recuperar tu chispa.

En uno de sus poemas Rainer Maria Rilke plantea esta idea del siguiente modo: «Convertirse en ganador no es el objetivo de ese hombre. Y así es como crece: siendo derrotado una y otra vez por seres superiores». O, como bien dice Karen Kaiser Clark: «La vida comporta cambios. Crecer es una opción. Escoge a conciencia».

Deseo, pues, que todas tus crisis sean prósperas.

Bibliografía

Affleck, G. y H. Tennen, «Construing benefits from adversity: Adaptational significance and dispositional underpinnings», *Journal of Personality*, n° 64, 1996, págs. 899-922.

Affleck, G., H. Tennen, S. Croog y S. Levine, «Causal attribution, perceived benefits, and morbidity following a heart attack», *Journal of Consulting and Clinical Psychology*, n° 55, págs. 29-35.

Burt, M. R. y B. L. Katz, «Dimensions of recovery from rape», *Journal of Interpersonal Violence*, n° 2, 1987, págs. 57-81.

Dabrowski, K., *Positive Disintegration*, Boston, Little, Brown, 1964.

—, *Personality-Shaping Through Positive Disintegration*, Boston, Little, Brown, 1967.

Dabrowski, K., con A. Kawczak y M. M. Piechowski, *Mental Growth Through Positive Disintegration*, Londres, Gryf, 1970.

Decker, L. R., «The role of trauma in spiritual development», *Journal of Humanistic Psychology*, n° 33, 1993, págs. 33-46.

Frazier, P. A. y J. W. Burnett, «Immediate coping strategies among rape victims», *Journal of Counseling and Development*, n° 72, 1994, págs. 633-639.

Lehman, D., C. Davis, A. DeLongis, C. Wortman, S. Bluck, D. Mandel y J. Ellard, «Positive and negative life changes following bereavement and their relations to adjustment», *Journal of Social and Clinical Psychology*, n° 12, 1993, págs. 90-112.

McMillen, J. C., «How people benefit from adversity», *Social Work*, n° 44, 1999, págs. 455-468.

McMillen, J. C. y R. H. Fisher, «The perceived benefits scales: Measuring perceived positive life changes after negative events», *Social Work Research*, vol. 22, n° 3, 1998, págs. 173-187.

McMillen, J. C., E. M. Smith y R. Fisher, «Perceived benefit and mental health after three types of disasters», *Journal of Consulting and Clinical Psychology*, n° 65, 1997, págs. 733-739.

McMillen, J. C., S. Zuravin y G. B. Rideout, «Perceptions of benefits from child sexual abuse», *Journal of Consulting and Clinical Psychology*, n° 63, 1995, págs. 1.037-1.043.

Oltjenbruns, K. A., «Positive outcomes of adolescents' experience with grief», *Journal of Adolescence*, n° 6, 1991, págs. 43-53.

Schaefer, J. y R. Moos, «Life crises and personal growth», en B. Carpenter (comp.), *Personal Coping: Theory, Research and Application*, Westport, Connecticut, Praeger, 1992, págs. 149-170.

Tedeschi, R. G. y L. G. Calhoun, *Trauma and Transformation: Growing in the Aftermath of Suffering*, Thousand Oaks, Californica, Sage, 1995.

—, «The post-traumatic growth inventory: Measuring the positive legacy of trauma», *Journal of Traumatic Stress*, n° 9, 1996, págs. 455-471.

Tennen, H., G. Affleck, S. Urrows, P. Higgins y R. Mendola,

196

«Perceiving control, construing benefits and daily proceses in rheumatoid arthritis», *Canadian Journal of Behavioral Science*, n° 24, 1992, págs. 186-203.

Thompson, S., «Finding positive meaning in a stressful life event and coping», *Basic and Applied Social Psychology*, n° 6, 1985, págs. 279-295.

—, «The search for meaning following stroke», *Basic and Applied Social Psychology*, n° 12, 1991, págs. 81-96.

Lecturas adicionales, películas y música

Libros

Bly, Robert, «Warning to the Reader», en *Eating the Honey of Words*, Nueva York, HarperFlamingo, 1999.

Broyard, Anatole, *Intoxicated by My Illness and Other Writings on Life and Death*, Nueva York, Fawcett Columbine, 1992.

Dabrowski, Kazimierz, *Positive Disintegration*, Boston, Little, Brown, 1964.

Dunne, Dominick, *Justice: Crimes, Trials and Punishments*, Nueva York, Three Rivers Press, 2001.

Fox, Michael J., *Lucky Man*, Nueva York, Hyperion, 2002 (trad. cast.: *Un hombre afortunado*, Madrid, Maeva, 2003).

Grealy, Lucy, *Autobiography of a Face*, Boston, Houghton Mifflin, 1994.

Handler, Evan, *Time on Fire: My Comedy of Terrors*, Nueva York, Owl Books, 1997.

Kuhn, Thomas S., *The Structure of Scientific Revolutions*, Chicago, University of Chicago Press, 1996 (trad. cast.: *La estructura de las revoluciones científicas*, Madrid, Fondo de Cultura Económica, 2000).

Lyden, Jacki, *Daughter of the Queen of Sheeba*, Boston, Houghton Mifflin, 1997.

Oliver, Mary, *Dream Work*, Boston, Atlantic Monthly Press, 1986.

Price, Reynolds, *A Whole New Life: An Illness and a Healing*, Nueva York, Plume, 1982.

Rhett, Kathryn (comp.), *Survival Stories*, Nueva York, Doubleday, 1997.

Rilke, Rainer Maria, «All of You Undisturbed Cities» y «The Man Watching», en *Selected Poems of Rainer Maria Rilke*, Nueva York, Harper and Row, 1981 (en castellano se pueden encontrar algunos poemas de Rilke en *Nueva antología poética*, Madrid, Espasa-Calpe, 2000).

Snyder, Don J., *The Cliff Walk: A Memoir of a Job Lost and a Life Found*, Boston, Little, Brown, 1997.

Películas

Joe contra el volcán.
American Beauty.
Más allá de los sueños.

Música

Cockburn, Bruce, «Fascist Architecture», en el álbum *Humans*.

Kaplansky, Lucy, «End of the Day», en el álbum *Ten Year Night*.